Administradores de Sociedades Anónimas

DA PROIBIÇÃO DE GERIR SÓ DINHEIRO DOS OUTROS
À OBRIGAÇÃO DE PRESTAR CAUÇÃO PARA O FAZER

Administradores de Sociedades Anónimas

DA PROIBIÇÃO DE GERIR SÓ DINHEIRO DOS OUTROS
À OBRIGAÇÃO DE PRESTAR CAUÇÃO PARA O FAZER

2012

Manuel Couceiro Nogueira Serens
Professor da Faculdade de Direito da Universidade de Coimbra

**ADMINISTRADORES DE SOCIEDADES ANÓNIMAS:
DA PROIBIÇÃO DE GERIR SÓ DINHEIRO DOS OUTROS
À OBRIGAÇÃO DE PRESTAR CAUÇÃO PARA O FAZER**
AUTOR
Manuel Couceiro Nogueira Serens
EDITOR
EDIÇÕES ALMEDINA, S.A.
Rua Fernandes Tomás, nºs 76, 78, 80
3000-167 Coimbra
Tel.: 239 851 904 · Fax: 239 851 901
www.almedina.net · editora@almedina.net
DESIGN DE CAPA
FBA.
PRÉ-IMPRESSÃO
G.C. – GRÁFICA DE COIMBRA, LDA.
Palheira Assafarge, 3001-453 Coimbra
producao@graficadecoimbra.pt
IMPRESSÃO E ACABAMENTO
PENTAEDRO, LDA.

Maio, 2012
DEPÓSITO LEGAL
343871/12

Apesar do cuidado e rigor colocados na elaboração da presente obra, devem os diplomas legais dela constantes ser sempre objecto de confirmação com as publicações oficiais.
Toda a reprodução desta obra, por fotocópia ou outro qualquer processo, sem prévia autorização escrita do Editor, é ilícita e passível de procedimento judicial contra o infractor.

 GRUPOALMEDINA

BIBLIOTECA NACIONAL DE PORTUGAL – CATALOGAÇÃO NA PUBLICAÇÃO
SERENS, M. Nogueira
Administradores de sociedades anónimas.
(Monografias)
ISBN 978-972-40-4842-0
CDU 347

NOTA PRÉVIA

Não se tem mostrado fácil determinar o regime da caução dos administradores, instituído pelo art. 396º CSC, quer na sua versão primigénia, quer na sua versão actual, introduzida pelo art. 2º do Decreto-Lei nº 76-A/2006, de 29 de Março.

Intenta-se, neste trabalho, dar conta das origens do próprio instituto, bem como da sua reconstrução dogmática (ao longo do tempo) em diferentes ordenamentos jurídicos. Deste modo, não se eliminam, é certo, todas as dúvidas suscitadas pela interpretação do referido preceito; mas lança-se luz sobre o bem ou mal fundado da doutrina que lhe subjaz.

MANUEL COUCEIRO NOGUEIRA SERENS

I.
Os administradores das "Companhias de Comércio": A exigência da qualidade de (maior) accionista e a *garantia* a ela associada

1. Os dois "sistemas de *governance*" das "Companhias de Comércio" e sua *miscigenação*
No quadro das chamadas "Companhias de Comércio" ("Companhias Majestáticas", também se diz), que campearam na generalidade dos países europeus, durante os séculos XVII e XVIII – tais Companhias são, lembre-se, por (quase) todos consideradas como as precursoras das "modernas sociedades anónimas"[1] –, é possível detectar dois *modelos de organização* (de *governance*, na linguagem hoje na moda): *i)* um (mais) *democrático*, por isso que sobrelevava os poderes da assembleia geral de sócios (*interessados*, na terminologia da época), cerceando, do mesmo passo, as competências dos administradores – a *East India Company* inglesa (1600) erigiu esse modelo[2] –; *ii)* o outro (mais) *autocrático*, por isso que afirmava a omnipotência dos administradores, com a consequente exautoração da assembleia geral de sócios – este outro modelo foi erigido pela Companhia Holandesa das Índias Orientais (1602)[3].

---

[1] Sobre o tema, na nossa doutrina, cfr., por todos, RUI MANUEL FIGUEIREDO MARCOS, *As Companhias pombalinas – Contributo para a história das sociedades por acções em Portugal*, Almedina, Coimbra, 1997, p. 11-48.
[2] Desenvolvidamente, *vide* RUI MARCOS, *ob. cit.*, p. 52 s., com inúmeras referências.
[3] Na doutrina portuguesa, sobre o chamado "modelo jurídico continental de raiz holandesa", para além de RUI MARCOS, *ob. cit.*, p. 60 s., *vide* PEDRO MAIA, *Função e funcionamento do conselho de administração da sociedade anónima*, BFD-Stvdia Ivridica 62, Coimbra Editora, Coimbra, 2002, p. 36 s.

A diferença entre os dois modelos – referindo-se-lhe, Rui Marcos explica-a do seguinte modo: "a clausura britânica perante o anónimo cidadão comum permitia-lhe que os sócios a quem a entrada se franqueava fossem tratados em pé de igualdade e assumissem um papel influente, ao passo que a atitude holandesa de não vedar o acesso ao recinto societário oferecia espaço a uma administração de teor ditatorial correlato da posição apagada da maioria dos accionistas"[4] –, a diferença entre o "modelo inglês" e "modelo holandês", digamos agora assim, esbateu-se com o decurso do tempo, ocorrendo uma espécie de *miscigenação*. Com efeito, se, com o decurso do século XVII, na Holanda, os (maiores) accionistas foram conquistando significativas *fatias de poder* no seio da corporação – o novo *octrooi* da Companhia das Índias Orientais, que é de 1622, reflecte claramente este novo equilíbrio de forças[5]; e o mesmo se pode dizer em relação ao *octrooi* de 1621, que instituiu a Companhias das Índias Ocidentais ("l'œuvre surtout d'Usselinx et du parti wallon, qui était strictement calviniste, démocrate, monarchiste et centraliste"[6]), sobre a qual já se pôde escrever que adoptava *"les principes démocratiques et fit une plus large place au contrôle des actionnaires"*[7] –, em Inglaterra, o *pêndulo* (do poder) oscilava em sentido inverso: a partir, sobretudo, da Revolução de 1688, assistiu-se à democratização da qualidade de accionista, ou seja, e para voltar a

---

[4] Cfr. *ob. cit.*, p. 82. Essa diferença, no que respeita ao acesso à qualidade de accionista, entre as primeiras Companhias inglesas e a Companhia Holandesa das Índias Orientais (*octrooi* de 1602, em cujo art. 10 se lia que "tous les citoyens des provinces-unies pouvaient participer à cette compagnie avec aussi peu et autant qu'il leur plairait"; cfr. André-E. Sayous, "Les sociétés anonymes par actions", *Revue d'Économie Politique* 1902, p. 622), é igualmente referida por Pedro Maia, que escreve o seguinte: "Se é verdade que, no *funcionamento interno* da companhia inglesa, existia igualdade de poder entre todos os sócios – e, nesse sentido, ela era *democrática* e não *oligárquica* como a companhia holandesa –, não é menos verdade que, *externamente*, aquela companhia era inteiramente fechada e discriminadora – e, neste sentido, *oligárquica*, mas nada *democrática*, como era, nessa matéria, a companhia holandesa. Igualdade de poder administrar a sociedade entre todos os sócios da companhia inglesa porque a filtragem – a reserva de poder – já fora efectuada anteriormente, no momento da admissão do sócio. Não se distinguia na companhia inglesa o sócio comerciante– ou empresário, diríamos hoje – do pequeno sócio – ou sócio investidor –, pelo simples facto de que esta segunda categoria de sócios, pura e simplesmente, não existia naquela sociedade (ao invés do que sucedia na companhia holandesa)" – cfr. *ob. cit.*, p. 50; sublinhados no original.

[5] Cfr., por exemplo, Rui Marcos, *ob. cit.*, p. 75 s. ("Em vez de um quietismo que se traduzia na aceitação forçada de certas pessoas à frente da Companhia, os sócios passaram a influir na nomeação dos directores"), e André-E. Sayous, "Les sociétés...", *Revue d'Économie Politique, cit.*, p. 631 s. ("Les directeurs ne seraient plus imposés aux actionaires; ceux-ci auraient une influence sur leur nomination. Ils ne pourraient plus se créer une puissance absolue: après un certain délai, ils ne seraient plus rééligibles").

[6] Cfr. André-E. Seyous, "Les sociétés...", *Revue d'Économie Politique, cit.*, p. 627-628.

[7] São de novo palavras de André-E. Seyous, "Les sociétés...", *Revue d'Économie Politique, cit.*, p. 628.

dizer com Rui Marcos, rompeu-se com a antiga "clausura perante o anónimo cidadão"[8], falecendo, assim, os pressupostos em que assentava o tradicional modelo (britânico) de governo das Companhias, caracterizado pela soberania da assembleia geral dos sócios.

As razões, que antes tinham levado, na Holanda, à instituição de um modelo (mais) autocrático – falamos, é claro, da existência de uma grande massa de accionistas, muitos deles de extracção popular, cujo interesse pela vida da Companhia não ia além do percebimento dos dividendos, semestrais ou anuais, que os directores achassem apropriados –, passaram, pois, também a existir em Inglaterra. Porém, conhecendo nós a alteração que o primigénio modelo holandês sofrera – lembre-se aqui o que antes dissemos sobre o reforço da posição dos accionistas (em relação, é claro, aos administradores) consagrado no *octrooi* de 1621, que instituiu a Companhia das Índias Ocidentais e no novo *octrooi* de 1622 da Companhia da Índias Orientais –, não pode admirar que esse mesmo modelo não tivesse sido considerado como alternativo aos olhos do legislador inglês.

O abandono pelas Companhias inglesas do seu modelo tradicional de governo (erigido na *East Indian Company*) não implicou, pois, a adopção do modelo autocrático, com a feição que este apresentava na Companhia Holandesa da Índias Orientais (*octrooi* de 1602). Ou seja, as Companhias inglesas, quando deixaram de ser tão democráticas como antes haviam sido, não se tornaram tão autocráticas como as suas congéneres holandesas tinham começado por ser. A *confluência* entre umas e outras, no que respeita ao sistema de *governance*, resultou, sim, de um processo de transformação, que as atingiu a ambas, e que podemos dizer inverso: nas Companhias holandesas, reforço da posição dos accionistas, à custa, é claro, das competências dos administradores; nas Companhias inglesas, reforço da posição dos administradores, à custa, é claro também agora, das competências dos accionistas. A este outro sistema de *governance* das Companhias – que, sem desprezar por inteiro a vontade dos (maiores) accionistas, não fazia, longe disso, dos administradores meros executores dessa vontade – já muitos chamaram *oligárquico*.

2. O "sistema oligárquico" e a administração

O "modelo societário pombalino", que é hoje conhecido de todos – graças, é claro, à investigação de Rui Marcos[9] –, constitui um bom exemplo do referido sistema, que, de resto, imperou na generalidade dos países europeus, nos quais as Companhias assumiram maior importância sócio-económica e política. Na matéria, o Marquês não fez, pois, *obra de invenção*.

---

[8] Cfr. *ob. cit.*, p. 82.
[9] Cfr. *ob. cit.*, p. 347-810.

2.1. Os modos de designação dos administradores; a "conquista de poder" pela assembleia geral e a ingerência do *Prince* na *governance* das Companhias

O único aspecto que aqui nos importa, falando do "sistema oligárquico" (chamemos-lhe também nós assim) – ou, no caso de Portugal, do "modelo societário pombalino" –, respeita ao acesso ao cargo de administrador.

Esse cargo era, em norma, *reservado* a accionistas – não a quaisquer accionistas, note-se, mas apenas àqueles deles cujo investimento na Companhia atingia certo porte, que os estatutos cuidavam de fixar. Da *ratio* desta exigência falaremos adiante. Antes de aí chegarmos, impõem-se algumas observações sobre o modo como esses accionistas se tornavam administradores.

a) Referimo-nos atrás ao modelo holandês primigénio – instituído, recorde-se, pelo *octrooi* de 1602 da Companhia das Índias Orientais –, que dissemos ser (mais) autocrático, exactamente porque afirmava a omnipotência dos administradores (*bewindhebbers*), com a consequente exautoração da assembleia geral (dos accionistas). É chegada agora a altura de dizer que essa omnipotência dos administradores, traduzindo "une démarcation très franche et très nette" entre eles e os accionistas[10], aflorava logo no momento da sua designação. Esta, com efeito, era da exclusiva competência do *Prince*, e, existindo a necessidade da prestação de um juramento (de desempenho fiel do mandato recebido), era perante aquele que isso ocorria[11]. Poder-se-ia assim dizer que a omnipotência dos administradores, que prescindia de qualquer manifestação de vontade (*scilicet*: do voto) dos accionistas para se afirmar, *derramava* da soberania do *Prince*.

b) Esse *desprezo* pela vontade dos accionistas, perscrutável em termos orgânicos, no que respeita à escolha dos administradores, não resistiu ao decurso do tempo: a falada *atenuação* da autocracia do modelo holandês de *corporate governance* também passou por aí.

No projecto da Companhia das Índias Ocidentais, apresentado por Usselinx em 1604, exigia-se "que tout souscripteur de 1 200 florins eût voix délibérative

---

[10] São palavras de ANDRÉ-E. SEYOUS, "Les sociétés...", *Revue d'Économie Politique, cit.*, p. 622; cfr. ainda RUI MARCOS, *ob. cit.*, p. 64: "No confronto com os accionistas, [os directores] exibiam uma posição de supremacia ostensiva. Entre uns e outros erguia-se uma barreira intransponível. Os sócios, desprovidos de quaisquer meios jurídicos, não podiam influir em nada no curso da sociedade. A bem dizer, entregavam-se confiadamente nas mãos dos directores. Estes, em compensação, apareceram investidos de um grau de arbítrio que desconhecia limites razoáveis".

[11] Cfr. A. VIGHI, "Notizie storiche sugli amministratori ed i sindaci delle socità per azioni anteriori al codice di commercio francese", *Rivista delle Società*, 1969, p. 677.

dans les assemblées qui nommeraient les directeurs"[12]. O respectivo *octrooi* de 1621, depois de proclamar que "la compagnie doit avoir une bonne administration, pour le plus grand profit et contentement de tous les participants" (art. 11)[13], e sem abrir mão da exigência de os administradores serem eleitos pelos accionistas, subordinava o exercício do direito de voto à titularidade de uma participação social de valor pelo menos igual à dos administradores a eleger (art. 14, *in fine*)[14].

Relativamente à Companhia das Índias Orientais, o seu novo *octrooi* de 1622 reflecte, também ele, essa *mudança* a favor dos accionistas no que respeita à escolha dos administradores. Nas palavras de Andrè-E. Sayous, "un collège, composé de 'principaux participants', élus parmis des participants qui avaient dans la compagnie une assez forte action, et des directeurs, présentait une liste de trois noms parmis lesquels les Etats provinciaux choisiraient les directeurs (art. 3)"[15].

c) A competência (mais ou menos mitigada) da assembleia geral (dos accionistas) para a eleição dos administradores – talvez devêssemos escrever geral entre aspas para evidenciar que a assembleia não era *geral* em sentido verdadeiro e próprio, posto que não valia a regra "uma acção-um voto"; a atribuição deste direito pressupunha, sim, a titularidade de uma participação social de certo montante (ou, se se preferir dizer assim, pressupunha a titularidade de um certo número de acções), fixado pelos estatutos[16], mas já então se previa, importa dizê-lo, o (hoje) chamado "direito de agrupamento"[17] –, a competência da assembleia geral para a eleição dos administradores, dizíamos, acabou por merecer aco-

---

[12] Cfr. André-E. Seyous, "Les sociétés...", *Revue d'Économie Politique, cit.*, p. 628.
[13] Cfr. André-E. Seyous, *ob. cit., loc. cit.*.
[14] Cfr. A. Vighi, "Notizie storiche...", *Rivista delle Società, cit.*, p. 678, nota 6.
[15] *Vide* "Les sociétés...", *Revue d'Économie Politique, cit.*, p. 631.
[16] Referindo alguns exemplos de Companhias pombalinas, cfr. Rui Marcos, *ob. cit.*, p. 686 s.; cfr. ainda, em relação às Companhias francesas, H. Lévy-Bruhl, *Histoire juridique des sociétés de commerce en France aux XVIIᵉ et XVIIIᵉ siécles*, Paris, 1938, p. 193.
[17] Era seguramente assim entre nós – cfr. Rui Marcos, *ob. cit.*, p. 686 e 701. No nosso actual Código das Sociedades Comerciais, o falado direito está consagrado no art. 379º, nº 5 – "Sempre que o contrato de sociedade exija a posse de um certo número de acções para conferir voto, poderão os accionistas possuidores de menor número de acções agrupar-se de forma a completarem o número exigido ou um número superior e fazer-se representar por um dos agrupados" –, que há-de ser lido à luz do art. 384º, nº 2, alínea *a*), no qual se estatui sobre a possibilidade de o contrato de sociedade "fazer corresponder um só voto a um certo número de acções, contanto que sejam abrangidas todas as acções emitidas pela sociedade e fique cabendo um voto, pelo menos, a cada mil euros de capital".

lhimento nos estatutos das maiores Companhias dos diferentes países europeus, que assim seguiram a mudança de paradigma, ocorrida na Holanda[18-19].

Esse princípio electivo era, porém, muitas vezes postergado em relação aos primeiros administradores. Acontecia assim lá fora[20] e também entre nós[21]. Referindo-se às Companhias pombalinas, Rui Marcos aponta as razões que, em sua opinião, justificavam essa intervenção régia. "Antes de tudo – são já palavras do referido Autor[22] – o escolho quase insuperável de pôr logo em marcha os mecanismos eleitorais. Isto porque se anteviam dificuldades na subscrição das acções (...). Mas, ainda que se desenhassem vaticínios mais optimistas, a significar a realização do fundo social com brevidade, sempre se erigiria o problema ineliminável do tempo necessário à organização das eleições. E, entretanto, a Companhia ficava parada a aguardar a sua primeira administração"[23]. Uma outra razão apontada por Rui Marcos, e que ele próprio diz completar a primeira, "prende-se com a própria gestação das Companhias", em cujo processo alguns indivíduos assumiam particular destaque, "inclusive na redacção dos estatutos que vieram a receber a confirmação legal"; revelando-se, assim, "conhecedores dos objectivos societários", e dada a conveniência em não protelar o início da respectiva *empresa*, "não admira que as primazias do monarca" recaíssem nesses indivíduos[24].

A estas duas razões justificativas da nomeação régia dos primeiros administradores, Rui Marcos ainda acrescenta uma outra, escrevendo o seguinte: "Há

---

[18] Cfr. A. VIGHI, "Notizie storiche...", *Rivista delle Società*, *cit.*, p. 678 s., e RUI MARCOS, *ob. cit.*, p. 699 s. e 707 s.

[19] "Una singolare disposizione riflettente la nomina degli amministratori la troviano in Olanda ed in Svezia: in alcune Compagnie di queste nazioni, l'azionista che partecipava alla società con una determinata somma acquistava il diritto di nominare un amministratore" – são palavras de A. VIGHI, "Notizie storiche...", *Rivista delle Società*, *cit.*, p. 679. Segundo RUI MARCOS, *ob. cit.*, p. 745, este direito de o titular de uma determinada participação social designar um administrador não teve acolhimento entre nós (note-se que, à luz do actual Código das Sociedades Comerciais, continuando a não ser possível atribuir a certas categorias de acções o direito de designação de administradores, nada impede que se estipule que a eleição de algum ou alguns deles, em número não superior a um terço do total, colha *também* a maioria dos votos conferidos a certas acções – se os titulares de certas acções não podem impor administradores, fica-lhes a possibilidade de impedir a eleição de alguns deles, nos quais não confiem: art. 391º, nº 2; cfr. M. NOGUEIRA SERENS, *Notas sobre a sociedade anónima*, 2ª ed., BFD-*Stvia Ivridica* 14, Coimbra editora, Coimbra, 1997, p. 68).

[20] Cfr. A. VIGHI, "Notizie storiche...", *Rivista delle Società*, *cit.*, p. 680.

[21] RUI MARCOS, *ob. cit.*, p. 690 e 745.

[22] *Ob. cit.*, p. 745-746.

[23] *Ob. cit.*

[24] *Ob. cit.*, *últ. loc. cit.*

que convir também numa agravante de risco que depunha contra o extrair dos administradores das preferências dos sócios. Como agir se a opção destes últimos se não revelasse certeira? É que sempre subsistia a hipótese do desígnio eleitoral juntar um corpo dirigente impreparado. Uma circunstância que não podia acontecer, pelo menos numa Companhia nascente. A imagem de uma primeira junta desastrosa que enfraquecesse a fé do público não sem enormes dificuldades se apagaria. Do sucesso do arranque dependia, em larga medida, o futuro"[25].

d) O interesse do *Prince* pelo (bom) funcionamento das Companhias – um interesse de ordem político-económica geral, muitas vezes ainda mais subido, por causa da própria participação do património régio no capital social – não se cingia à fase de afirmação do respectivo projecto empresarial. E, por isso mesmo, a ingerência governativa não se limitava a essa fase. Cada Companhia *vivia*, na verdade sob a sua própria lei, consubstanciada nos respectivos estatutos[26], e estes, como antes dissemos, tinham passado a prezar, com o decurso do tempo, a vontade dos (maiores) accionistas. Mas a existência dessa lei não tolhia, quando tal se considerava justificado pela defesa do interesse público, a vontade do soberano; e, sobrevindo esta, a *autoridade* da assembleia geral (*scilicet*: a vontade dos accionistas), mesmo quando não chegava a ser contrariada, deixava de ser tida em conta[27].

Esses reveses na tendência para uma certa *liber(t)ação* das Companhias – por força da qual o governo destas passou a implicar os seus principais interessados, desde logo na escolha dos respectivos administradores (que pertenciam, também eles, como adiante melhor se verá, a esse grupo) –, sendo mais ou menos contingentes, não atingiam todas as Companhias por igual. Um pouco à semelhança do que hoje ocorre relativamente às sociedades anónimas – cujo regime varia, e muito, consoante se trate de uma pequena *sociedade fechada* ou de uma (grande) *sociedade aberta*: no primeiro caso, a tutela do interesse público surge como despicienda, ao passo que, no segundo, essa tutela releva sobremaneira, existindo mesmo, para dela cuidar, uma espécie de *longa manus* do Estado (falamos, é claro, e no que respeita ao nosso país da Comissão do Mercado de Valores

---

[25] *Ob. cit.*, p. 746-747.
[26] Ou, como diz Pedro Maia, *ob. cit.*, p. 38, "cada sociedade era *uma* sociedade, fruto de um específico acto de vontade régia e cujo regime exclusivo e único se resumia àquele constante da *carta* real ou do *octroy* que a havia criado".
[27] *Vide*, entre nós, Rui Marcos, *ob. cit.*, p. 711 s. e 747 s.; cfr. ainda A. Vighi, "Notizie storiche...", *Rivista delle Società, cit.*, p. 681, nota 15.

Mobiliários) –, as Companhias não eram todas subsumíveis ao mesmo *tipo real*. Deveras significativo, a este propósito, são as palavras de A. Vighi; referindo-se expressamente à situação em França, no século XVIII, o Autor escreveu que *"le società anonime corrono (...) su due vie parallele:* uma compreende as grandes Companhias de Comércio de acentuado carácter público, com participação do património régio, sujeitas de modo mais ou menos despótico à influência e à fiscalização do Estado; a outra compreende todas as restantes Companhias, verdadeiras sociedades anónimas de carácter privado, as quais, copiando a organização das grandes companhias, livres da influência e da fiscalização do Estado, entravam na vida do tráfico com a mesma feição jurídico-económica da das modernas anónimas"[28].

2.2. Requisitos de acesso ao cargo de administrador: a administração como coisa de (sócios-)ricos

Agora, conhecendo nós já a evolução do regime das Companhias, no que respeita à designação dos administradores, volveremos o nosso olhar para os requisitos essenciais de que dependia o acesso ao cargo.

a) Reiterando o que antes dissemos[29], mas socorrendo-nos agora das palavras de Rui Marcos, "era norma geralmente aceite nos estatutos das Companhias, tanto portuguesas como estrangeiras, o desentranharem-se os administradores entre os interessados mais poderosos"[30]. Para se poder ser administrador era pois mister ser-se sócio. E se esta exigência, só por si, já restringia o círculo dos aspirantes ao cargo, a verdade é que, para além dela existia uma outra, que restringia ainda mais esse mesmo círculo: para poderem aceder à administração da Companhia, e como decorre do trecho há pouco transcrito, os sócios teriam de ser titulares de uma participação social de determinado montante, que os estatutos cuidavam de fixar[31].

---

[28] "Notizie storiche...", *Rivista delle Società, cit.*, p. 675 e 681-682, nota 15; segundo A. Vighi, foi justamente sobre essas "sociedades anónimas de carácter privado" que os "compilatori del Code de Commerce tennero lo sguardo fisso quando, per la prima volta, se dettarono le norme giuridiche regolatrici dell'anonima".

[29] Cfr. número 2.1.

[30] *Ob. cit.*, p. 748.

[31] *Vide*, no que respeita às Companhias pombalinas, Rui Marcos, *ob. cit.*, p. 685 s. Com exemplos de Companhias holandesas, alemãs, inglesas, francesas e italianas, cfr. A. Vighi, "Notizie storiche...", *Rivista delle Società, cit.*, p. 682, nota 17; sobre as Companhias francesas, cfr. ainda H. Lévy-Bruhl, *ob. cit.*, p. 193.
Cabe lembrar que, "às vezes – transcrevemos Rui Marcos, *ob. cit.*, p. 748, nota 1925 – a quantia de acções requerida para concorrer a um lugar na administração de uma Companhia variava também

Do exposto decorre que a administração da Companhia era coisa de (*sócios-*)*ricos*. Que o podiam ser mais ou menos – mais ou menos ricos, entenda-se. Tudo dependia, afinal, do montante da participação social (ou, se se preferir, do número de acções) exigido pelos estatutos para integrar o círculo dos elegíveis para o referido órgão societário. Vem ao caso lembrar o *dito* de Adam Smith (que, por certo, deixará estarrecidos muitos daqueles que hoje se dizem seus sequazes...) sobre os administradores das Companhias: gerindo eles mais dinheiro dos outros que dinheiro seu, não se poderia esperar que dele cuidassem com o mesmo zelo que existiria numa sociedade privada[32]. Apesar de ser sempre assim, ou seja, apesar de o montante do investimento (o *money* de que falava Adam Smith) dos sócios-não-administradores ser sempre muito superior ao dos sócios-administradores, já estamos, porém, a ver que era possível atenuar essa diferença: a fixação de um número elevado de acções, cuja titularidade constituía condição *sine qua non* para o sócio adquirir a referida qualidade, seria uma forma de conseguir esse desiderato. Dessa maneira, fazendo-se aumentar a quantidade de *dinheiro* sujeito à administração daqueles de cujos bolsos ele proviria, seria de esperar – parafraseando Adam Smith[33] – que a negligência e o esbanjamento na administração da Companhia assumissem menores proporções. Os accionistas mais miúdos confrontavam-se, pois, com um *dilema*: interessando-lhes, pela *garantia* que daí lhes

---

consoante a importância das funções a desempenhar. Assim, o presidente da *Compañia de La Habana* devia subscrever pelo menos vinte acções, enquanto a cifra exigida a um director se apresentava bem menor". Referindo esta (possível) diferenciação, cfr. ainda H. Lévy-Bruhl, *ob. cit.*, *loc. cit.*, e Francesco Galgano, *Storia del diritto commerciale*, 2ª ed., Mulino, Bologna, 1980, p. 190.

[32] O trecho completo (do "Criador da Economia Política moderna") é o seguinte: "*The directors of such companies* [joint-stock companies], *however, being the managers rather of other people's money than of their own, it cannot well be expected that they should watch over it with the same anxious vigilance with which the partners in a private copartnery frequently watch over their own. Like the stewards of a rich man, they are apt to consider attention to small matter as not for their master's honor, and very easily give themselves a dispensation from having it. Negligence and profusion, therefore, must always prevail, more or less, in the management of the affairs of such a company*" – *An Inquiry Into the Nature and Causes of the Wealth of Nations* (with an introductory essay and notes by Shield Nicholson), London, 1901 –; na tradução portuguesa, da autoria de Luís Cristóvão de Aguiar, editada pela Fundação Calouste Gulbenkian, vol. II, 2ª ed., p. 362-363: "Dos directores destas companhias, contudo, sendo administradores mais do dinheiro de terceiros do que do seu próprio dinheiro, não se pode esperar que cuidem dele com a mesma vigilância apurada com que frequentemente os membros de uma sociedade privada cuidam do seu. Como os servidores de um homem rico, eles têm tendência a não prestar atenção a pequenas questões como não respeitantes à honra do seu amo, e muito facilmente se abstêm de a prestar. Deste modo, a negligência e o esbanjamento têm sempre, mais ou menos, que prevalecer na administração dos negócios de uma companhia deste tipo".

[33] Cfr. a parte final do trecho transcrito na nota anterior.

advinha, que a administração da Companhia estivesse reservada aos accionistas mais graúdos – seria mesmo caso para dizer que quanto mais graúdos melhor... –, não podiam deixar de ter presente que, nesse quadro, nenhum deles acederia ao referido órgão societário, e sem que para o caso importasse a sua maior ou menor competência. De resto, esta postergação dos (eventualmente) mais competentes não decorria apenas de a administração só poder ser ocupada pelos accionistas mais graúdos; decorria, outrossim, da impossibilidade – que, como antes vimos[34], era comum à generalidade das Companhias, tanto portuguesas como estrangeiras[35], de a ela acederem não-accionistas, com o consequente fechamento aos *managers*. Em ambas as soluções transparece a mesma ideia: por sobre a *garantia*, oferecida pela (eventual) maior competência das pessoas escolhidas para a administração da Companhia, estava a *confiança*, que só podia ser oferecida pelo maior risco a que essas pessoas se sujeitavam, e que se traduziria na perda do seu próprio investimento, necessariamente (mais) vultuoso ocorrendo o *falhanço* do projecto empresarial. Por outras palavras: a competência dos administradores, sendo importante, não se afigurava como decisiva, por isso que não garantia que deles houvesse *lealdade* em relação ao conjunto dos accionistas – lealdade, essa, que apenas se julgava ser possível em consequência da lealdade que, na gestão do seu próprio dinheiro, os administradores não deixariam de ter para consigo próprios.

b) A garantia, ou talvez melhor, a confiança, que era corolário de os administradores das Companhias serem escolhidos entre os seus maiores accionistas, seria necessariamente posta em causa se, passado o momento da escolha (de alguns) desses accionistas para o referido cargo, estes fossem livres de negociar (em Bolsa ou fora dela) as suas próprias acções. O ponto não foi desconsiderado pelo legislador, nos diferentes países europeus. Mas, ainda assim, parecem ter existido diferenças no modo como se devia prover para evitar essa defraudação da confiança dos accionistas mais miúdos.

Entre nós, e no que respeita às grandes Companhias pombalinas – é Rui Marcos quem o diz[36] –, não se foi além da *proibição*, adrede fixada nos seus estatutos particulares, de os administradores alienarem as acções durante o período do respectivo mandato. Pensando na hipótese de o número de acções, de que um

---

[34] Cfr. *supra*, neste número.
[35] Dando conta de algumas excepções a essa regra, ou seja, referindo alguns exemplos de Companhias nas quais se previa a possibilidade de eleger administradores não-accionistas, *vide* Rui Marcos, *ob. cit.*, p. 748, nota 1925.
[36] *Ob. cit.*, p. 749.

determinado administrador era titular, exceder aquele que era exigido (estatutariamente) para aceder ao cargo, o Autor diz que "não se vislumbra razão consistente para que se impedisse a transferência das acções excedentárias"[37]; e, dizendo isto, conclui que "os deputados só não conservariam o governo da sociedade se, por 'trespasso publico ou oculto do seu interesse' "[38], lhes ficassem a pertencer acções em número inferior ao que era exigido pelos estatutos.

Com cautelas, é certo; mas não deixaremos de pôr aqui alguma reserva à bondade de tal conclusão. Ou seja, em nosso juízo, a sanção, que era a perda do respectivo mandato, devia caber, não apenas ao caso em que o administrador deixasse de ser titular do número de acções estatutariamente exigido para aceder ao cargo, mas também àquele outro em que deixasse de ser titular do número de acções de que dispunha à data da eleição. Com efeito, não custa admitir – à luz do que antes dissemos, seria, até, normal que as coisas se passassem assim – que, entre os vários accionistas, titulares de um número de acções igual ou superior ao estatutariamente exigido, a escolha para administrador recaísse naqueles deles que tivessem mais acções, sendo esta a única razão para a sua primazia no sufrágio. Se, uma vez eleitos, esses administradores fossem livres de reduzir a sua participação social até ao montante de que os estatutos faziam depender o acesso ao cargo, *passariam a poder gerir menos dinheiro seu que aquele a cuja gestão se haviam proposto*, defraudando, consequentemente, em maior ou menor medida, a confiança dos seus consócios. Passemos adiante.

A proibição da transmissão das acções da titularidade dos administradores (e sem que agora importe o âmbito dessa proibição) era também norma (*estatutária*) na generalidade das Companhias estrangeiras. Em muitas delas, e em diferentes países, cuidou-se mesmo de reforçar a efectividade dessa proibição, impedindo, consequentemente, que ela se transformasse num puro *flatus vocis* e, pior que isso, num logro ao conjunto dos accionistas. O meio excogitado, para esse efeito, foi a obrigação de as acções da titularidade dos administradores – todas essas acções, note-se, e não apenas as que correspondessem ao número exigido pelos estatutos para aceder ao cargo – serem *depositadas* na "caixa da sociedade", assim permanecendo pelo tempo por que durasse o respectivo mandato[39].

Ao que parece, terá havido países, nos quais a garantia, que assim era dada ao conjunto dos accionistas – ocorrendo, por via do seu depósito na "caixa da sociedade", a *imobilização* das acções dos administradores, *caucionava-se a con-*

---

[37] *Ob. cit.*, p. 749-750.
[38] *Ob. cit.*, p. 750.
[39] Cfr. A. Vighi, "Notizie storiche...", *Rivista delle Società, cit.*, p. 693 e nota 20 (na mesma página), e Rui Marcos, *ob. cit.*, p. 750, nota 1928, com várias referências.

fiança de quem os elegera, por isso que se obstava a que eles, diminuindo o valor da sua participação social, passassem, e para voltar a dizer como há pouco, a gerir menos dinheiro seu que aquele a cuja gestão se haviam proposto –, a referida garantia foi, dizíamos, também considerada a outra luz, imputando-se-lhe uma nova finalidade: a constituição de uma *caução*, a favor da própria Companhia, tendo em vista a eventual responsabilidade dos administradores por actos de má gestão[40-41].

---

[40] Cfr. A. VIGHI, "Notizie storiche...", *Rivista delle Società, cit.*, p. 683 e nota 19 (na mesma página).
[41] Sobre a responsabilidade dos administradores nas Companhias pombalinas, *vide* RUI MARCOS, *ob. cit.*, p. 768 s.

II.
A *Caução* da Responsabilidade dos Administradores nas "Modernas Sociedades Anónimas": Análise Histórico-Comparativa da Reconstrução Dogmática do Instituto

A) França
3. Os administradores da sociedade anónima no *Code de Commerce* (1807)
Ao arrepio da *praxis*, que vimos ter sido prevalecente nas "Companhias de Comércio", o *Code de Commerce* (1807) permitia – e fazia-o, note-se, *ex vi verborum*[42] – que os administradores (da sociedade anónima) fossem escolhidos entre os não-sócios[43].

3.1. O falhanço da abertura aos *managers*
Esta *permissão*, que redundava, afinal, num estender de mão aos *managers*, não teve, porém, o condão de alterar o *statu quo ante*. Ou seja, e como inequivocamente resulta do estudo (ilustrado com múltiplos exemplos de sociedades anónimas *autorizadas*, nos termos do art. 37 do *Code de Commerce*[44]) de Anne Lefebvre-

---

[42] Cfr. nota seguinte.
[43] "Elle [a sociedade anónima, entenda-se] est administrée par des mandataires à temps révocables, *associés ou non associés*, salariés ou gratuits" – assim se estatuía no art. 31.
[44] "La société anonyme ne peut exister qu'avec l'autorisation du gouvernement, et avec son approbation pour l'acte qui la constitue; cette approbation doit être donnée dans la forme prescrite pour les règlements d'administration publique".

-Teillard[45], os administradores continuaram a ser escolhidos[46] apenas entre os sócios, não se dispensando os estatutos (das diferentes sociedades) de restringir o acesso ao cargo àqueles deles cujo investimento atingia um certo montante – ou melhor: aos sócios que fossem titulares de um certo número de acções (sendo a entradas em espécie, como já à época se admitia, e porque os bens que constituíam o seu objecto não eram então avaliados por uma entidade independente, o valor da participação social, que as acções *incorporavam*, podia sobrepujar o da respectiva entrada, que constituía, ele sim, o valor do investimento realizado pelo accionista em causa).

Esse número variava, e muito, de sociedade para sociedade[47], em consequência, desde logo, do valor nominal das respectivas acções: se este era (mais) elevado, o número de acções exigido para aceder ao cargo de administrador era (mais) baixo, do mesmo jeito que, sendo o valor nominal das acções (mais) baixo, aquele número seria (mais) elevado. A falada variação (do número de acções exigido para se poder ser eleito administrador) radicava, muitas vezes, em circunstâncias de outra ordem: (*i*) nas sociedades, que assumiam a exploração de empresas pré-existentes, era comum os fundadores (que realizavam as suas entradas com as empresas em causa[48]) reservarem para si o acesso ao conselho de administração (*"pour garder le contrôle de la société*[49], subordinando-o, por conseguinte, à titularidade de um número muito elevado de acções[50]; (*ii*) nas sociedades, cujas

---

Sobre esta *autorização* bem como sobre o seu alcance jurídico e político-económico, *vide* M. NOGUEIRA SERENS, *A monopolização da concorrência e a (re-)emergência da tutela da marca*, Almedina, Coimbra, 2007, p. 477 s.

[45] Cfr. *La société anonyme au XIXe siècle – Du Code de Commerce à la Loi de 1867. Histoire d'un instrument juridique du développement capitaliste*, PUF, Paris, 1985, p. 271; *vide* tb. J. HILAIRE, *Introduction historique au droit commercial*, PUF, Paris, 1986, p. 225, R. SZRAMKIEWICZ, *Histoire du droit des affaires*, Montchrestien, Paris, 1992, p. 313, e, entre nós, PEDRO MAIA, *ob. cit.*, p. 67.

[46] Pela assembleia geral, é certo; porém, e como escrever A. LEFEBVRE-TEILLARD, *ob. cit.*, p. 352, "de même que l'affirmation selon laquelle 'l'universalité des citoyens est le souverain' se conciliait fort bien dans la Constitution de 1795 avec un système censitaire, de même l'idée selon laquelle l'universalité des actionnaires est le souverain se concilie-t-elle fort bien, *dans la grande majorité des statuts, avec un accès à l'assemblée générale réservé aux possesseurs d'un certain nombre d'actions"* (sublinhados nossos). Sobre a "soberania" da assembleia geral e a "não soberania" de todos os accionistas, bem como sobre a composição daquele órgão societário, no período que estamos agora a considerar, *vide* PEDRO MAIA, *ob. cit.*, p. 71 s.

[47] Cfr. A. LEFEBVRE-TEILLARD, *ob. cit.*, p. 273.

[48] Cfr. *supra*, no texto.

[49] A. LEFEBVRE-TEILLARD, *ob. cit.*, p. 273.

[50] "Ainsi bien que le montant nominal de l'action soit très élevé: 10 000 F, le nombre minimum d'actions exigées pour être administrateur général de la Compagnie d'Exploitation des Messageries

empresas eram criadas de raiz, o número de acções exigido para poder ser eleito administrador era muitas vezes fixado em função do valor da participação social dos principais accionistas-fundadores[51].

3.2. A questão recorrente: como impedir que os accionistas eleitos administradores defraudassem a confiança neles depositada

A manutenção da ideia (falamos da França, recorde-se) de que a administração da sociedade anónima era coisa de *(sócios-)ricos* significava, afinal, que, subsistindo o problema da *(des)confiança* neste tipo societário – e isto por força de duas das suas características mais relevantes: (*i*) "Les associés ne sont passibles que de la perte de du montant de leur intérêt de la sociéte" (art. 33 do *Code de Commerce*); (*ii*) "Les administrateurs ne sont responsables que de l'exécution du mandat qu'ils ont reçu./Ils ne contractent, à raison de leur gestion, aucune obligation personnelle ni solidaire relativement aux engagements de la société" (art. 32 do *Code de Commerce* –, se cuidou de lhe dar resposta, digamos, *à maneira antiga*. Uma resposta que, como antes vimos (falando das "Companhias de Comércio")[52], consistia fundamentalmente no seguinte: fazer com que os administradores, que nunca geririam dinheiro que fosse só deles, gerindo também dinheiro seu, revelassem maior *zelo* (*cuidado,* seria outra maneira de dizer) na gestão do dinheiro dos outros (a lealdade que, na gestão do seu próprio dinheiro os administradores não deixariam de ter para consigo próprios ou, se se preferir, relativamente à prossecução dos seus próprios interesses, implicaria a existência de lealdade em relação ao conjunto dos accionistas).

No quadro dessa resposta, e também agora à semelhança do que vimos ter acontecido nas "Companhias de Comércio", na generalidade dos países europeus[53], sobrevieram, num primeiro momento (período da Restauração: 1814-1830), as cláusulas estatutárias estipulando "qu'en cas de perte de tout ou partie de ses actions, *l'administrateur est considéré comme démissionnaire*"[54]. Já no período da Monarquia de Julho (1830-1848), essas cláusulas cederam o passo àquelas outras, que se tinham tornado, também elas, comuns nas "Companhias de

---

(1809) est de 12, car il correspond à la situation de fait des 7 administrateurs en place dans la société déjà existante depuis fructidor an VI"– A. LEFEBVRE-TEILLARD, *ob. cit.*, p. 273.

[51] "Certaines sociétés comme le Phénix (1819) n'hésitent pas même à fixer un minimum différent suivant que l'administrateur est ou non souscripteur: dans le premier cas le minimum requis est de 30, dans le second 50" – A. LEFEBVRE-TEILLARD, *ob. cit.*, p. 273.

[52] Cfr. *supra*, número 2.2., alínea a).

[53] Cfr. *supra*, número 2.2., alínea b).

[54] A. LEFEBVRE-TEILLARD, *ob. cit.*, p. 274 (sublinhados nossos).

Comércio", nos diferentes países europeus[55], impondo a *inalienabilidade* das acções da titularidade dos administradores. Com o advento do Segundo Império (1852-1870), cuidou-se de impedir que essa inalienabilidade fosse desrespeitada, estatuindo no sentido de impor que as acções por ela atingidas fossem objecto de depósito na "caixa da sociedade". Esta solução, que já conhecera largo curso nas "Companhias de Comércio" (francesas, e não só)[56], e que podia ser entendida como uma forma de caucionar a confiança oferecida pela qualidade de maiores accionistas dos administradores – e isto porque, como já antes também dissemos[57], se obstava a que estes, diminuindo o valor da sua participação social, passassem a gerir menos dinheiro seu que aquele a cuja gestão se haviam proposto –, acabou, porém, por perder esse seu sentido original. Ou seja, nas sociedades anónimas francesas (no período do Segundo Império), a obrigação de os administradores depositarem na "caixa da sociedade" as acções cuja titularidade lhes coubesse, deixou se ser entendida como uma forma de eles caucionarem, em relação ao conjunto dos accionistas mais miúdos, a confiança oferecida pela sua qualidade de maiores accionistas, para passar a ser entendida como uma forma de caucionarem a sua responsabilidade perante a própria sociedade, decorrente de actos de má administração.

Esse outro entendimento (sobre a *ratio*) da falada obrigação, que alguns consideram ter já estado presente nas "Companhias de Comércio" de alguns países europeus[58], ter-se-á imposto na sequência da generalização da política do próprio *Conseil d'Etat* "au sujet des chemins de fer"[59]. A importância que, à luz dos interesses do Estado, assumia a responsabilidade das sociedades (anónimas) concessionárias nesse sector de actividade, levara o referido órgão a não cingir essa responsabilidade aos "sacos de moedas" que essas mesmas sociedades eram[60]: alargava-a aos respectivos administradores, fazendo incluir nos respectivos estatutos cláusulas que impediam a sua substituição "non seulement pendant toute la durée des travaux, mais même jusqu'à une ou deux années après leur achèvement"[61], e que lhes exigiam a titularidade de um número elevado de acções cuja alienação era proibida e, por isso, sujeitas a depósito na "caixa da sociedade".

---

[55] Cfr. *supra,* número 2.2., alínea b).
[56] Cfr. *supra,* número 2.2., alínea b).
[57] Cfr. *supra,* número 2.2., alínea b).
[58] Cfr. *supra,* número 2.2., alínea b).
[59] Cfr. A. LEFEBVRE-TEILLARD, *ob. cit.*, p. 275.
[60] Cfr. M. NOGUEIRA SERENS, *ob. cit.*, p. 39, nota 59.
[61] A. LEFEBVRE-TEILLARD, *ob. cit.*, p. 265.

4. O fechamento aos *managers* na Lei de 23 de maio de 1863; regime das "acções de garantia"

É já à luz desse outro sentido da proibição da alienação das acções dos administradores e da obrigatoriedade do seu depósito – mais do que caucionar a confiança oferecida pela sua sua qualidade de maiores accionistas, do que se tratava era, sim, de *caucionar a responsabilidade* em que eles poderiam incorrer em consequência de actos ilícitos praticados no exercício do respectivo cargo – que devemos olhar para a Lei de 23 de Maio de 1863, que deixou de sujeitar ao regime de autorização prévia (art. 37 do *Code de Commerce*[62]) as "sociétés commerciales dans lesquelles aucun des associés n'est tenu au-delà de sa mise" (art. 1, primeira alínea) cujo capital não excedesse "vingt millions de francs" (art. 3, primeira alínea) – baptizadas "sociétés à responsabilité limitée" (art. 1, segunda alínea), era de verdadeiras sociedades anónimas que se tratava, apresentando apenas a especificidade de terem um capital máximo, o que as tornava menos perigosas para a liberdade de concorrência[63].

Rompendo com a doutrina do art. 31 do *Code de Commerce*[64], o art. 1, quarta alínea, da referida Lei impunha que os administradores fossem escolhidos entre os sócios ("pris parmi les associés"), os quais administradores "doivent être propriétaires, par parts égales, d'un vingtième du capital social" – assim rezava o art. 7, primeira alínea –; no mesmo preceito prescrevia-se ainda o seguinte: *i*) "les actions formant ce vingtième sont affectées à la garantie de la gestion des administrateurs" (segunda alínea); *ii*) "elles sont nominatives, inaliénables, frappées d'un timbre indicant la inaliénabilité et déposées dans la caisse sociale".

Não nos deteremos aqui na análise deste preceito, cuja vigência foi, de resto, muito curta[65]. Importa, em todo o caso, chamar a atenção para o seguinte aspecto do regime da *caução* nele instituído: a percentagem de 5% do capital social[66], cuja titularidade era exigida aos administradores, apurava-se pela soma do valor nominal da participação de cada um deles, não se admitindo, porém, qualquer discrepância relativamente ao valor nominal dessas várias participações, ou seja, exigia-se que as participações sociais dos administradores tivessem todas o mesmo valor nominal, sendo que estas, no seu conjunto, haveriam de perfazer 5% do

---

[62] Cfr. *supra*, nota 44.
[63] Cfr. M. Nogueira Serens, *ob. cit.*, p. 35 s.
[64] Cfr. *supra*, número 3.
[65] Cfr. *infra*, número 5.
[66] Fazemo-lo, é certo, com o devido respeito – que é muito, note-se –, mas não podemos deixar de apontar aqui a G. Ripert o lapso por ele cometido, que foi o de considerar "un vingtième du capital" correspondente a "20% du capital" (cfr. *Traité élémentaire de droit commercial*, Paris, 1948, p. 428).

capital social. Assim, e por exemplo, numa "sociedade de responsabilidade limitada" com o capital de 20 milhões de francos (o capital máximo, recorde-se), e que tivesse 5 administradores, estes, em conjunto, haveriam de ser titulares de acções cuja soma do respectivo valor nominal perfizesse 1 milhão de francos, devendo cada um deles ser titular de acções cuja soma do respectivo valor nominal perfizesse 200 mil francos.

Ambas as exigências evidenciam a preocupação do legislador em não permitir que o montante da caução dos administradores fosse *dissociado* da importância sócio-económica da respectiva sociedade (indiciada pelo montante do seu capital social), reservando-se, do mesmo passo, o acesso ao cargo dos accionistas que, gerindo somas avultadas e iguais de dinheiro seu, haveriam de revelar maior cuidado, e todos em igual medida[67].

5. A Lei de 24 de Julho de 1867; aspectos respeitantes ao acesso ao cargo de administrador e ao regime da caução

A passagem do "sistema de concessão" para o "sistema normativo", que a Lei de 23 de Maio de 1863 já preludiava, consumou-se com a Lei de 24 de Julho de 1867, cujo art. 21, primeira alínea, dispunha que, "à l'avenir, les sociétés anonymes pourront se former sans l'autorisation du gouvernement"; assim se revogava o art. 37 do *Code de Commerce*, admitindo-se, por conseguinte, a livre constituição de sociedades desse tipo. independentemente do montante do seu capital social[68].

5.1. As novidades sobre o regime das "acções de garantia"

Mantendo a regra segundo a qual os administradores teriam de ser escolhidos entre os accionistas (art. 22, primeira alínea) essa nova Lei trouxe, porém, novidades deveras significativas, às (agora) chamadas "acções de garantia".

---

[67] Verberando esta solução, que diziam ser – *hèlas!* – "antidemocrática", *vide* J. ESCARRA/E. ESCARRA//J. RAULT, *Traité théorique et pratique de droit commercial – Les sociétes commerciales*, tome IVᵉ, *Sociétés par actions*, Sirey, Paris, 1959, p. 32.

[68] Como dissemos em outro lugar, esse *favor* à sociedade anónima, inerente à consagração do "sistema normativo", sendo *um favor à grande empresa*, foi, à luz do *ideal de concorrência*, profundamente anti-liberal; e, dizendo isto, também acrescentámos que o (precedente) "sistema de concessão" funcionava como um *instrumento de política económica*, posto ao serviço da liberdade de concorrência, com não pouca similitude com as chamadas "leis de defesa da concorrência" dos nossos dias, na parte, é claro, em que estas (*rectius*: os *manuseamentos* que elas permitem) cuidam de impedir uma excessiva concentração do poder de mercado – cfr. (a nossa) *ob. cit.*, p. 51, nota 136, 130 s. e 493 s.

A primeira dessas novidades – saudada por alguns dos mais insignes comercialistas franceses dos começos de novecentos[69] – respeitava à determinação do número de acções cuja propriedade haveria de caber aos administradores, no seu conjunto: esse número seria aquele que os estatutos (da sociedade) fixassem[70], e já não, como antes acontecia, o que correspondesse a uma determinada percentagem do capital social (que, já o sabemos, na Lei de 1863, fora fixada em "un vingtième"). Nada impedia, pois, que o número total das "acções de garantia", fixado nos estatutos, fosse igual ao número dos administradores, não tendo cada um deles de ser proprietário senão de uma acção! Por outro lado – e aqui a segunda novidade –, deixou de se exigir que os administradores fossem todos proprietários do mesmo número de acções, consequentemente, mesmo que aquele número fosse elevado (muito ou pouco, não importa, sendo certo que a experiência provou que o número total das "acções de garantia" era "*souvent infime*"[71]), os estatutos podiam prever a possibilidade de *compensar* o (mais ou menos) pequeno número de acções da propriedade de algum ou alguns administradores com o (mais ou menos) grande número de acções da propriedade do(s) restante(s)[72]: também por esta forma, um ou mais accionistas poderiam aceder ao cargo de administradores, sendo proprietários de uma única acção.

5.2. A "solidariedade real"
Cabe dizer que essa (eventual) disparidade do número de acções da propriedade dos vários administradores – que, segundo Lyon-Caen/L. Renault, tinha o mérito de não afastar da administração das sociedades os homens que, não obstante não

---

[69] *Vide*, entre outros, Ch. Lyon-Caen/L. Renault, *Traité de droit commercial*, 4ª ed., Tomo II, 2ª Parte, Paris, 1909, p. 188, e E. Thaller/P. Pic, *Traité général théorique et pratique de droit commercial*, Tomo II, Paris, 1911, p. 548.
Décadas volvidas, ainda se ouviam, porém, algumas vozes críticas, entre as quais se contava a de G. Ripert, *ob. cit.*, p. 428: "Il est fâcheux que les administrateurs n'aient pas un interêt important dans la société".
[70] "Les administrateurs doivent être propriétaires d'un mombre d'actions détérminé par les statuts" – art. 26, primeira alínea, da Lei de 1867.
[71] Cfr. Escarra/Rault, *ob. cit.*, p. 32 (sublinhados nossos).
[72] *Vide*, por exemplo, Thaller/Pic, *ob. cit.*, p. 548, Lyon-Caen/Renault, *ob. cit.*, p. 187 s., e, C. Houpin//H. Bosvieux, *Traité général théorique et pratique des sociétés commercial et des asociations*, 6ª ed., Tomo II, Paris, 1927, p. 202 s.
Cabe referir que os accionistas sobre os quais recaía a escolha como administradores poderiam não ser, à data em que ocorria essa escolha, proprietários do número de acções estatutariamente fixado; exigia-se, sim, que essa condição se encontrasse preenchida à data do início das respectivas funções (cfr., por todos, Thaller/Pic, *ob. cit.*, p. 548 s., com várias referências jurisprudenciais).

serem suficientemente endinheirados, poderiam desempenhar esse cargo "très honnêtement et très habilement"[73] – não se reflectia na posição da sociedade, enquanto credora da obrigação de indemnização em que aqueles incorressem por "fautes de gestion". Com efeito, as acções da propriedade dos administradores, cujo número tivesse sido fixado nos estatutos, eram *"affectées en totalité à la garantie de tous les acts de la gestion, même de ceux qui seraient exclusivement personnels à l'un des administrateurs"* – assim se lia no art. 26, segunda alínea. Não se quebrou, é verdade, o princípio da responsabilidade individual dos administradores ou, dizendo de outra forma, não se instituiu um regime de solidariedade pessoal entre todos eles[74]; instituiu-se, sim, uma espécie de *solidariedade real*[75] entre todas as acções de que os administradores, no seu conjunto, teriam de ser proprietários, nos termos dos estatutos – nas palavras de C. Houpin/H. Bosvieux, "les actions appartenant aux administrateurs sont un cautionnement: à la garantie individuelle résultant de chaque cautionnement on a substitué une garantie solidaire de tous les cautionnements"[76].

Por força deste regime – vivamente criticado por um importante sector da doutrina[77] –, cada administrador respondia pelas "fautes de gestion" cometidas pelos restantes; no dizer impressivo de E. Thaller[78], "celui qui décline sa responsabilité personnelle, en votant contre une déliberation préjudicielle qui a rallié la majorité, ne dégagera pas ses actions déposées de la garantie de la gestion de ses collègues". A esse "administrador inocente", ou seja, ao administrador isento de "toute faute", restaria agir em recurso contra aqueles por cujas "fautes" havia respondido[79-80].

---

[73] *Ob. cit.*, p. 188.
[74] Cfr. Lyon-Caen/Renault, *ob. cit.*, p. 202 s., Thaller/Pic, *ob. cit.*, p. 706 s., G. Ripert, *ob. cit.*, p. 457 s., Escarra/Rault, *ob. cit.*, p. 39, e Houpin/Bosvieux, *ob. cit.*, p. 244 s.
[75] Cfr. (os autores citados na) nota anterior.
[76] *Ob. cit.*, p. 203; cfr. ainda, por exemplo, Escarra/Rault, *ob. cit.*, p. 39 ("La solidarité ainsi instituée entre les cautions permet aux représentants légaux de la société, par exemple au syndic de faillite, d'éxecuter la gage constitué par la totalité des actions de garantie sans qu'il puisse être fait grief à ceux-ci d'avoir procédé à la réalisation des actions appartenant à l'administrateur exempt de toute faute").
[77] Assim o dizem Lyon-Caen/Renault, *ob. cit.*, p. 204.
[78] *Apud*, Thaller/Pic, *ob. cit.*, p. 551.
[79] Cfr. Lyon-Caen/Renault, *ob. cit.*, p. 204, Thaller/Pic, *ob. cit.*, p. 552, e Escarra/Rault, *ob. cit.*, p. 39.
[80] Não obstante os administradores – *bon gré mal gré* – poderem responder uns pelos outros e, nessa medida, a cada um deles interessar que os outros fossem "honnêtes, diligents et solvables" (cfr. Lyon-Caen/Renault, *ob. cit.*, p. 204), a verdade é que se estava já muito longe da ideia, subjacente à exigência de reservar o cargo de administrador aos maiores accionistas, e que era a de que estes, cuidadosos como haveriam de ser na gestão do seu próprprio dinheiro, não se desleixariam na gestão do dinheiro dos outros.

5.3. Outros aspectos do regime das "acções de garantia"

O art. 26, terceira alínea, da Lei de 1867 reproduzia o já nosso conhecido art. 7, terceira alínea, da Lei de 1863. Repetiremos aqui o seu texto "Elles [as acções cuja propriedade os estatutos exigissem ser dos administradores] sont nominatives, inaliénables, frappées d'un timbre indiquant l'inaliénabilité et deposées dans la caisse sociale".

Em relação a este preceito, todos assentiam num ponto: o depósito das acções na "caixa da sociedade" equivalia à constituição de penhor em benefício da própria sociedade[81]. Encarado dogmaticamente o depósito das acções a esta luz – e não já àquela outra, digamos, singelamente pragmática, que prevalecera nas "Companhias de Comércio", de uma forma de *imobilização* (dos títulos) das acções dos administradores, caucionando-se assim a confiança de quem os elegera, por isso que se obstava a que eles, diminuindo o valor da sua participação, passassem a gerir menos dinheiro seu que aquele a cuja gestão se haviam proposto –, a fisiologia da caução era, ela mesma, posta em causa: o valor das acções que a constituíam não poderia deixar de ser afectado pelas "fautes de gestion" dos administradores (proprietários das acções em causa), não se podendo mesmo excluir que levassem a sociedade à ruína, o que significava que, no momento em que dela mais se precisava, era quando a caução menos valia. Esta *disfuncionalidade* da caução constituída pelo depósito das acções da própria sociedade – que não passou, é claro, despercebida à doutrina francesa mais antiga[82] – era, afinal, resultado (metaforicamente falando) de um *remendo de tecido (dogmaticamente) novo em tecido (pragmaticamente) usado*.

Havia outros aspectos do regime do (transcrito) art. 7, terceira alínea, que eram bem menos pacíficos que a natureza jurídica do depósito das acções na "caixa da sociedade". Assim, e desde logo, no que respeita à exigência de essas acções serem nominativas. Havia quem entendesse que essa exigência devia ser arredada quando todas as acções da sociedade fossem ao portador; mas também não faltava quem defendesse que, mesmo nesse caso, as "acções de garantia" teriam de ser nominativas. Igualmente discutido era o alcance da proibição de

---

[81] Cfr., por todos, ESCARRA/RAULT, *ob. cit.*, p. 27.
[82] Cfr. LYON-CAEN/RENAULT, *ob. cit.*, p. 189 ("Cette garantie n'est pas très efficace. Car, le plus souvent, lorsqu'il ya lieu à responsabilité des administrateurs, les affaires de la sociéte ont périclité et le cours des actions est avili"), THALLER/PIC, *ob. cit.*, p. 552 ("En fait, cette garantie sera souvent précaire: lorsque l'éventualité prévue se produira, le cours des actions sera le plus souvent avili, les fautes commises ayant porté atteinte au crédit de la société") e, já mais tarde, ESCARRA/RAULT, *ob. cit.*, p. 32 ("L'expérience enseigne encore que la responsabilité des administrateurs n'est le plus souvent recherchée qu'autant que la sociéte a fait de mauvaises affaires, notamment lorsqu'elle a été déclarée en fallite. Dans ce cas, la valeur du gage institué par l'article 26 est pratiquement nulle").

alienação das acções objecto de depósito: proibição absoluta e, consequentemente, colocação dessas acções "*hors commerce*" (por todo o tempo por que durasse o seu depósito), diziam alguns[83]; outros, porém, e em maior número e com cujo entendimento a jurisprudência concordava, defendiam que não se tratava "d'une inaliénabilité de caractère réel qui rendrait la vente des titres nulle, mais seulement d'une impossibilité pour le vendeur de transférer la propriété des titres à l'acquéreur"[84].

5.4. A questão da duração do penhor ínsito no depósito das acções na "caixa da sociedade"

A par da questão do alcance da proibição de alienação das acções objecto de depósito, emergiu uma outra, em certo sentido conexa, respeitante ao período por que durava essa proibição ou, se se preferir, à *duração do penhor,* a cuja constituição o depósito da acções equivalia[85].

A ideia de considerar o penhor extinto, com a consequente restituição das "acções de garantia", que logo deixavam de o ser, ocorrendo a cessação das funções dos administradores, e por efeito desta, foi rapidamente afastada, e por uma razão óbvia: nesse momento não estava ainda apurada a extensão da responsabilidade em que os administradores poderiam incorrer. Igualmente afastada foi a ideia de fazer procrastinar a extinção do penhor à data em que a responsabilidade dos administradores deixasse de poder ser exigida: o prazo de prescrição da respectiva acção, que era de trinta anos (art. 17 da Lei de 1867), tornava tal solução sobremaneira gravosa.

Afastadas ambas essas ideias, a doutrina e a jurisprudência vieram a confluir no entendimento de que a assembleia geral podia renunciar ao exercício da acção de responsabilidade dos administradores, bem como ao benefício da garantia real constituído pelo depósito das acções, sendo que essa renúncia resultava, implicitamente, do *quitus* dado aos ex-administradores. Como antes vimos[86], o art. 26, segunda alínea, da Lei de 1867, instituía uma espécie de solidariedade real entre todas as acções de que os administradores, no seu conjunto, teriam de ser proprietários nos termos dos estatutos. Partindo deste pressuposto, um importante sector da doutrina[87] defendia que nenhum administrador podia ver as suas acções

---

[83] Assim, e por exemplo, LYON-CAEN/RENAULT, *ob. cit.*, p. 188.
[84] Transcrevemos G. RIPERT/R. ROBLOT, *Traité élémentaire de droit commercial*, 6ª ed., Paris, 1968, p. 646; no mesmo sentido, cfr. THALLER/PIC, *ob. cit.*, p. 553 s., HOUPIN/BOSVIEUX, *ob. cit.*, p. 206, e ESCARRA/RAULT, *ob. cit.*, p. 34 s.
[85] Cfr. *supra*, número 5.3.
[86] Cfr. *supra*, número 5.2.
[87] Cfr., por exemplo, THALLER/PIC, *ob. cit.*, p. 554, nota 2.

desoneradas sem que se verificasse outro tanto em relação às acções dos que com ele tinham desempenhado o mesmo cargo, é dizer, que tinham sido administradores no mesmo período.

Vimos, ainda há pouco, que a razão, que levara a doutrina e a jurisprudência a não fazer procrastinar a extinção do penhor à data em que a responsabilidade dos administradores deixasse de poder ser exigida, fora o (longo) prazo de prescrição a que a respectiva acção estava sujeita. O *décret-loi du 31 août 1937* trouxe, porém, importantes novidades na matéria. O art. 17 da Lei de 1867 foi então alterado, dele passando a constar prazos (bem mais) curtos de prescrição da referida acção. A par do prazo de três anos, que constituía a regra, previam-se dois outros: *i*) um de dez anos aplicável às acções fundadas em "factos qualificados como crimes" e *ii*) outro de um ano aplicável às acções fundadas em "factos ou circunstâncias revelados à assembleia geral pelo relatório dos administradores ou do conselho de fiscalização" (este prazo contava-se a partir da data da assembleia geral em causa)[88].

Igualmente relevante, para o ponto que aqui tratamos, foi uma outra alteração introduzida no art. 17 da Lei de 1867 pelo referido *décret-loi*; dele passou então a constar uma nova alínea que rezava assim: "Nenhuma deliberação da assembleia geral pode ter por efeito extinguir uma acção de responsabilidade contra os administradores e os membros do conselho de fiscalização por *fautes* cometidas no cumprimento do seu mandato". Perante este texto, não faltou quem defendesse que, estando a assembleia geral impedida de deliberar a extinção da acção de responsabilidade contra os administradores, lhe estava igualmente vedado renunciar ao benefício da garantia real constituído pelo depósito das acções que eram propriedade dos mesmos; consequentemente, tais acções só se tornariam *disponíveis* findo o prazo de prescrição da acção de responsabilidade. O encurtamento desse prazo fizera com que esta solução fosse muito menos gravosa do que era antes. Escarra e Rault não afinavam por este diapasão, ou seja, continuaram a defender que "l'assemblée générale ait le pouvoir de renoncer au droit de gage portant sur les actions de garantie sous le seul condition que les fonctions d'administrateur assumées par les titulaires des actions ait pris fin"[89].

5.5. Consequências decorrentes da inobservância do regime das "acções de garantia"

No quadro desta nossa análise das "acções de garantia" ou, se se preferir, do regime da *caução* dos administradores, instituído pelo art. 26 da Lei de 1867,

---

[88] Desenvolvidamente, *vide* Escarra/Rault, *ob. cit.*, p. 378 s., e Houpin/Bosvieux, *ob. cit.*, p. 254 s.
[89] Cfr. *ob. cit.*, p. 40.

impõe-se ainda fazer referência à preocupação da doutrina e da jurisprudência em *não dramatizar* as consequências decorrentes da inobservância desse regime. Era comum distinguirem-se duas situações. A primeira era aquela em que os estatutos da sociedade não continham qualquer referência à obrigação de depósito das acções da titularidade dos administradores. Todos concordavam em que essa omissão não constituía uma causa de nulidade do respectivo contrato de sociedade; tão-pouco, e essa era também uma opinião unânime, se poderiam responsabilizar os administradores, dado que a referida omissão não lhes era imputável, mas antes aos próprios fundadores. Mas isto não significava que se renunciasse à aplicação de qualquer sanção. Afirmava-se, sim, que ela não podia consistir senão na possibilidade de qualquer interessado (terceiro ou accionista) provocar (*par toutes les voies de droit*[90]) a reunião de uma assembleia geral extraordinária para *completar* os estatutos, fixando o número de acções cujo depósito devia ser efectuado pelos administradores.

A segunda situação era esta outra: os estatutos da sociedade determinavam o número de acções, cujo depósito era exigido aos administradores, mas estes, ou melhor, todos, algum ou alguns deles não cumpriam essa obrigação. Também agora, e por maioria de razão, a validade do contrato de sociedade não era posta em causa; e, tal como na situação anterior, restava a qualquer interessado, depois de ter interpelado os administradores inadimplentes, provocar a reunião de uma assembleia geral extraordinária, não já, é claro, para completar os estatutos, mas sim para proceder à *substituição* desses mesmos administradores.

A *temperança* destas sanções – relativas a duas situações que configuravam, respectivamente, *dispensa* de caução dos administradores e *não prestação* da mesma – resulta ainda mais evidente se pensarmos que a preocupação que as animava era não pôr em causa a validade das deliberações do conselho de administração em cuja formação existiam as faladas irregularidades, sendo já então referida a necessidade de apelar para a noção de *administração de facto*[91].

6. A *Loi nº 66-537 du 24 juillet 1966*

Em continuação desta nossa análise sobre a caução dos administradores nas "modernas sociedades anónimas", e sem abandonar ainda a ordem jurídica francesa, lançaremos agora o nosso olhar a *Loi nº 66-537 du 24 juillet 1966*. Esta outra Lei, à semelhança da sua predecessora (a *Loi du 24 juillet 1867*, de que antes falámos), continuou a vedar o acesso ao cargo de administrador aos não-accionistas. Faltava, é certo, uma norma correspondente à do art. 22, primeira alínea, da Lei

---

[90] Cfr. THALLER/PIC, *ob. cit.*, p. 555.
[91] Vide ESCARRA/RAULT, *ob. cit.*, p. 31.

antiga, que impunha que a escolha dos administradores fosse feita "parmi les associés"[92]; mas esta diferença tornava-se despicienda por força da exigência constante do art. 95, primeira alínea, primeira parte, da nova Lei: "Chaque administrateur doit être propriétaire d'un nombre d'actions de la société déterminé par les statuts".

6.1. Condições de validade da eleição para o cargo de administrador e para a manutenção deste

Falando da Lei de 1867, demos conta de que a jurisprudência não fazia depender a validade da eleição dos administradores da titularidade do número de acções estatutariamente fixado à data dessa mesma eleição; exigia, sim, a verificação dessa condição à data do início das respectivas funções[93]. Este entendimento jurisprudencial não foi acolhido na Lei de 1966, em cujo art. 95, terceira alínea, se lê o seguinte: "Si au jour de sa nomination, un administrateur n'est pas propriétaire du nombre d'actions requis ou si, en cours de mandat, ils cesse d'en être propriétaire, il est réputé démissionnaire d'office, s'il n'a pas régularisé sa situation dans le délai de trois mois".

a) O preceito transcrito estatui sobre as duas seguintes hipóteses: (*i*) eleição para o cargo de administrador de um *accionista*, o qual, à data em que esta eleição ocorria, não era proprietário do número de acções estatutariamente exigido; (*ii*) diminuição do número de acções de que o administrador era proprietário, ao ponto desse número se tornar inferior ao que era estatutariamente exigido, diminuição, essa, ocorrida durante o período por que o administrador em causa fora eleito.

Na primeira hipótese, afasta-se a invalidade (*scilicet*: a nulidade ou anulabilidade) da eleição como administrador do accionista com o referido *deficit*; com efeito, mesmo que esse accionista não regularize a sua situação no prazo de três meses, ou seja, não se torne, em tal prazo, proprietário do número de acções estatutariamente exigido para aceder ao cargo de administrador, dizendo que ele "*est réputé démissionnaire d'office*", tal só pode significar uma de duas coisas: (*i*) que fica sujeito a ver as suas funções cessarem, é dizer, a perder a qualidade de administrador logo que a assembleia geral nisso convier ou (*ii*) que essas funções cessam imediatamente após o decurso do referido prazo, falecendo, por conseguinte, a sua *qualidade de administrador de direito* nesse mesmo momento. Estranhamente, e ao que pudemos apurar, os mais conceituados societaristas franceses da actua-

---

[92] Cfr. *supra*, número 5.1.
[93] Cfr. *supra*, nota 73.

lidade não se têm ocupado deste ponto, que passa, afinal, pela determinação do sentido da expressão "*est réputé démissionnaire d'office*"; em relação à jurisprudência vimos referida apenas uma decisão do Tribunal de Paris, de 25 de Fevereiro de 2000[94], que optou pelo segundo termo da alternativa há pouco apresentada, e que, por conseguinte interpretou a referida expressão como sinónima de "*démission d'office*".

Quanto à outra hipótese referida no art. 95, terceira alínea, e que é, recorde-se, a de o administrador no decurso do respectivo mandato, deixar de ser proprietário do número de acções estatutariamente exigido para aceder ao cargo, prevê-se, igualmente, a possibilidade de ele "regularizar a sua situação", no prazo de três meses. Significa isto, é claro, que fica obrigado a readquirir, nesse prazo tantas acções quantas as que se mostrem necessárias para atingir o mínimo estatutariamente fixado, sob pena de, não o fazendo, ser "réputé démissionnaire d'office". A alternativa que antes apresentámos volta, pois, a ter aqui cabimento. E, por conseguinte, cabidas voltam a ser também as observações que fizemos sobre o silêncio da doutrina francesa mais conceituada e a escassez de jurisprudência.

b) Sobre a terceira alínea do art. 95 da Lei de 1966– diga-se, já aqui, que, não obstante as profundas alterações que o regime das "acções de garantia" sofreu desde a promulgação daquela Lei, a referida alínea mantém-se em vigor e apresenta a redacção que sempre foi a sua – duas notas mais. A primeira é para expressar a (nossa) seguinte incerteza: *Quid iuris,* se for deliberada a eleição de um não-accionista para administrador? Padecerá essa deliberação de nulidade? Ou caberá antes entender que o não-accionista disporá de um prazo de três meses para "regularizar a sua situação", é dizer, para se tornar accionista com a *grandeza* que os estatutos exigem para aceder ao cargo, aplicando-se, pois, por analogia a referida alínea?

A segunda nota sobre a terceira alínea do art. 95 é para expressar a (nossa) seguinte perplexidade: Como adiante melhor se verá[95], os administradores, que só o podiam ser se fossem proprietários de um determinado número de acções, estavam obrigados a proceder ao *depósito* dessas acções, afirmando-se, do mesmo passo, a sua *inalienabilidade* – tudo à semelhança, pois, do que se verificava na vigência da Lei de 1867[96]. Assim sendo, não se nos afigura concebível que o administrador, que tivesse dado cumprimento à obrigação de depósito das suas acções, pudesse, no decurso do mandato, tornar-se proprietário de um número de acções

---

[94] Cfr. *Code des sociétes et des marchés financiers commenté,* 23ª ed., Dalloz, Paris, 2007, p. 415.
[95] Cfr. número 6.2., alínea c).
[96] Cfr. *supra,* número 5.3.

inferior àquele que era estatutariamente exigido para aceder ao cargo. Quer isto dizer que o legislador (francês) *errou o tiro*. E isto porque, conhecendo as dúvida que se haviam posto, na vigência da Lei de 1867, sobre as consequência que advinham do incumprimento da obrigação de depósito das "acções de garantia"[97] – conhecendo essas dúvidas e, porventura, tendo também presente o regime instituído pela Lei belga de 1873[98] –, julgou poder dar-lhes resposta com o preceito em análise. Como é evidente, nenhum administrador podia cumprir a falada obrigação se não fosse proprietário do número de acções estatutariamente exigido para o exercício do cargo. Por outro lado, a ninguém também escapará que, não obstante ser proprietário desse número de acções, um qualquer administrador poderia não efectuar o seu depósito. A primeira situação era abrangida pela já tão falada alínea terceira do art. 95; mas o que nela relevava não era o incumprimento da obrigação de depósito das acções – era, sim, a propriedade de um número de acções inferior àquele que os estatutos exigiam para aceder ao cargo de administrador. Relativamente à segunda situação – propriedade de um número de acções estatutariamente fixado, sem que estas tivessem, porém, sido objecto de depósito –, impõe-se, obviamente, outro entendimento: para se lhe poder aplicar a referida alínea haveria que recorrer à analogia.

6.2. As diferenças do regime das "acções de garantia" relativamente à Lei de 1867
Existem outros aspectos do regime das "acções de garantia", instituído pela Lei de 1966, aos quais cabe fazer referência. Que será breve, diga-se. E a razão é simples: trata-se apenas de evidenciar as diferenças, que eram escassas, entre esse regime e o da Lei de 1867.

a) Já vimos que se manteve o princípio – *liberal*, disseram muitos; nós preferiríamos apelidá-lo de *laxista* – de remeter para os estatutos da sociedade a determinação do número de acções exigido para aceder ao cargo de administrador. Mas, a liberdade, assim atribuída aos sócios, que antes era total, passou a conhecer um limite – pequeno, é certo. Como decorria do art. 95, primeira alínea, segunda parte, o número de acções estatutariamente exigido para aceder ao cargo de administrador não podia ser inferior ao que fosse estatutariamente exigido para "conceder aos accionistas o direito de participar nas assembleias gerais ordinárias", sendo que este último número – e agora por força do art. 165, primeira alínea – não podia ser superior a dez acções. Coisa pouca, todos haveremos de

---

[97] Cfr. *supra*, número 5.5.
[98] Cfr. *infra*, notas 130 e 136.

convir. E não foi, note-se, por ter faltado quem propusesse uma solução "plus rigoureuse"[99].

b) Como se lia no art. 95, segunda alínea, primeira parte, as acções (de propriedade dos administradores[100]) "sont affectées en totalité à la garantie de tous les actes de la gestion, même de ceux qui seraient exclusivement personnels à l'un des administrateurs". Este preceito reproduzia (*ipsis verbis*) o da segunda alínea do art. 26 da Lei de 1867. Não admira, pois, que a ideia, afirmada na vigência desta Lei, da existência de uma espécie de *solidariedade real* entre todas as acções de que os administradores, no seu conjunto, teriam de ser proprietários, nos termos dos estatutos, continuasse a ter largo curso[101].

c) Originariamente, as "acções de garantia" teriam de ser nominativas. Deixou de ser assim a partir da Lei de 6 de Janeiro de 1969[102], que deu nova redacção ao art. 95, segunda alínea, segunda parte: essas acções passaram então a poder ser também ao portador, sendo que, neste caso, o seu depósito devia ser efectuado junto de um banco; diversamente, se as "acções de garantia" fossem nominativas, o seu depósito, como era por assim dizer da tradição, continuou a ter de ser feito na "caixa da sociedade".
Independentemente de serem nominativas ou ao portador, as "acções de garantia" eram sempre inalienáveis[103]. Já acontecia assim, como antes vimos[104], na vigência da Lei de 1867. De resto, as dúvidas que então se tinham suscitado sobre o alcance da referida proibição, e às quais também aludimos[105], não foram definitivamente arredadas[106].

d) Vejamos agora a solução consagrada pela Lei de 1966, no que respeita ao tempo de duração do depósito das "acções de garantia" e, consequentemente,

---

[99] Desenvolvidamente, J. Hémard/F. Terré/P. Mabilat, *Sociétés commerciales,* Tomo I, Dalloz, Paris, 1972, p. 698 s.
[100] Não de todas essas acções, diziam alguns. Assim, e por exemplo, Hémard/Terré/Mabilat, *ob. cit.*, p. 701: "Encore convient-il d'ajouter, malgré une légère ambiguïté du texte, que, si l'administrateur possède un nombre d'actions supérieur à celui qui est exigé au titre des actions de garantie, ces actions supplémentaires ne sont pas affectées à la garantie prévue à l'article L. 95, al. 2".
[101] Cfr. *supra,* número 5.2.
[102] Cfr. Hémard/Terré/Mabilat, *ob. cit.*, p. 701.
[103] Sobre o período por que vigorava esse regime, cfr. *infra,* neste número, alínea d).
[104] Cfr. *supra,* número 5.3.
[105] Cfr. *supra,* número 5.3.
[106] Cfr. Hémard/Terré/Mabilat, *ob. cit.*, p. 702 s.

ao período por que se afirmava a sua inalienabilidade. Sobressaía, a este propósito, o art. 246, segunda alínea, no qual se lia: "Aucune décision de l'assemblée générale ne peut avoir pour effet d'éteindre une action en responsabilité contre les administrateurs pour faute commise dans l'accomplissement de leur mandat". Este preceito, correspondia, no essencial, ao que fora introduzido no art. 17, terceira alínea, da Lei de 1867, pelo *décret-loi du 31 août 1937*[107], e a cuja luz se formara o entendimento de que, estando a assembleia geral impedida de deliberar a extinção da acção de responsabilidade contra os administradores, lhe estava igualmente vedado renunciar ao benefício da garantia real constituído pelo depósito das acções que eram propriedade dos mesmos; consequentemente – e para continuar a dizer como já antes dissemos[108] –, tais acções só se tornariam *disponíveis* findo o prazo de prescrição da acção de responsabilidade (que, lembre-se, na sequência da promulgação do referido *décret-loi*, tinha sido encurtado, e muito[109]). A coerência sistemática deste entendimento era irrefragável.

E, todavia, não se impôs aos olhos de todos. Assim, e por exemplo, os conceituados Escarra e Rault, certamente por considerarem que por sobre a referida coerência estava o interesse dos ex-administradores em não verem prolongado o período de *imobilização* das acções de que eram proprietários, continuaram a admitir a possibilidade de a sociedade "*renoncer au droit de gage portant sur les actions de garantie*"[110], logo que os administradores cessassem a suas funções.

A nova Lei afinou por este diapasão – isto é, e para dizer com J. Hémard//F. Terré/P. Mabilat[111], os seus "rédacteurs" optaram pelo rápido recobro da alienabilidade das "acções de garantia", à guisa de compensação feita aos seus adversários (aos adversários do regime das "acções de garantia", entenda-se) –, *descredibilizando* (ainda mais) o falado regime. O art. 96 era inequívoco a esse propósito, estatuindo que "*l'ancien administrateur ou ses ayants droit recouvrent la libre disposition des actions de garantie, du seul fait de l'approbation par l'assemblée générale ordinaire des comptes du dernier exercice relatif à sa gestion*".

---

[107] Cfr, *supra*, número 5.4.

[108] Cfr. *supra*, número 5.4.

[109] Cfr. *supra*, nº 5.4. A Lei de 1966 manteve-se nessa linha: "L'action en responsabilité contre les administrateurs, tant sociale qu'individuelle, se prescrit par trois ans, à compter du fait dommageable ou s'il a été dissimulé, de sa révélation. Toutefois, lorsque le fait est qualifié crime, l'action se prescrit par dix ans" – assim se lia no art. 247 da referida Lei (este preceito constitui hoje o art. L. 225-254 do *Code de Commerce*).

[110] Cfr. *ob. cit.*, p. 40 (sublinhados nossos).

[111] *Ob. cit.*, p. 704.

6.3. A revogação do regime das "acções de garantia"

Os críticos do regime das "acções de garantia", cujas vozes se tinham continuado a ouvir aquando da aprovação da Lei de 1966[112] – o seu principal argumento era, aliás, antigo[113]: a *caução* do cargo de administrador, que assim se pretendia instituir, era *ilusória*, já porque os estatutos da sociedade se poderiam bastar com a propriedade de uma única acção, já porque, mesmo quando os estatutos exigissem a propriedade de um número relativamente elevado de acções (percludindo, consequentemente, o acesso ao cargo aos accionistas mais miúdos, que poderiam ser os mais competentes...), o valor dessas acções estaria "souvent fortement déprécié lorsque la garantie était amenée à jouer"[114] –, os críticos do regime das "acções de garantia", dizíamos, acabaram por obter ganho de causa. Com efeito, a *Loi nº 85-15 du 5 janvier 1988*, conquanto tivesse mantido a exigência de os administradores serem accionistas – a regra continuou a ser a de que os accionistas teriam de ser proprietários do número de acções fixado nos estatutos da sociedade (art. 95, primeira alínea, primeira parte), sendo que este número não podia ser inferior ao que fosse estatutariamente exigido para "conceder aos accionistas o direito de participar nas assembleias gerais ordinárias" (art. 95, primeira alínea, segunda parte), o que, por força do art. 165, primeira alínea, significava que esse número não podia ser inferior a dez acções –, revogou o art. 95, segunda alínea, da Lei de 1966 ("Ces actions – as acções que os administradores teriam de ser proprietários, entenda-se – sont affectées en totalité à la garantie de tous les actes de gestion, même de ceux qui seraient exclusivement personnels à l'un des administrateurs[115]) e também o art. 96 ("l'ancien administrateur ou ses ayants droit recouvrent la libre disposition des actions de garantie, du seul fait de l'approbation par l'assemblée générale ordinaire des comptes du dernier exercice relatif à sa gestion"[116]).

Assim se eliminou, pois, "o regime das acções de garantia e o formalismo correspondente" – e isto, como também dizem G. Ripert/R. Roblot/M. Germain[117], "répondant aux vœux de la pratique". Cessando a obrigação *legal*[118] de os admi-

---

[112] Desenvolvimentamente, cfr. HÉMARD/TERRÉ/MABILAT, *ob. cit.*, p. 698 s.
[113] Cfr. *supra*, número 5.3.
[114] Cfr. *Code des sociétés...*, *cit.*, p. 412.
[115] Cfr. *supra*, número 6.2., alínea b).
[116] Cfr. *supra*, número 6.2., alínea d).
[117] Cfr. *Traité de droit commercial*, Tomo I, vol. 2, *Les sociétés commerciales*, 18ª ed., Paris, L. G. D. J., 2001, p. 418.
[118] Sobre a possibilidade de *"prévoir conventionnellement, par une clause statutaire, que tout ou partie des actions dont les administrateurs sont propriétaires sont affectées en garantie de leur gestion"*, vide *Code des sociétés...*, *cit.*, p. 412 s.; cfr. ainda RIPERT/ROBLOT/GERMAIN, *ob. cit.*, p. 408.

nistradores depositarem as acções cuja propriedade lhes era estatutariamente exigida para acederem ao cargo – recorde-se que o art. 95, primeira alínea, não foi alterado pela referida Lei de 1988 – cessava, outrossim, o impedimento de negociar essas acções, agora ditas "*actions de fonction*"[119]. Porém, o administrador que, no decurso do respectivo mandato, disponha das suas acções na sociedade e, por via disso, se torne proprietário de um número delas inferior ao estatutariamente exigido para aceder ao cargo, será "réputé démissionnaire d'office, s'il n'a pas régularisé sa situation dans le délai de trois mois" (art. 95, terceira alínea, da Lei de 1966, e que constitui hoje o art. L. 225-25, segunda alínea, do *Code de Commerce*).

a) Já atrás[120] nos referimos aos dois possíveis entendimentos dessa estatuição, no quadro da hipótese, que antes (*scilicet*: na vigência do regime das "acções de garantia") se poderia pôr, e que era a de o administrador não ter dado cumprimento à sua obrigação de depósito das acções de que era proprietário. Dispensamo-nos de repetir agora o que então dissemos. Lembraremos apenas duas coisas: *i*) sendo os administradores livres de *fazer comércio* com as suas acções da sociedade, sabendo eles que, fazendo-o, não sofrem qualquer "sanção" (sobre a razão das aspas, diremos já a seguir) se regularizarem a situação no prazo de três meses, abrem-se-lhes de par-em-par as portas da especulação bolsista (estamos a pensar, é claro, nas sociedades cotadas); *ii*) os administradores como que são estimulados a agir à maneira dos ratos, com a vantagem (em relação aos ratos, é claro) de, conhecendo eles bem o estado do "navio", o poderem abandonar sem que ninguém (além deles) ainda saiba que ele se vai afundar, sendo que, agindo deste modo (ratinheiro) se expõem apenas à sanção (?) de serem "considerados demissionários *d'office*", a partir do momento em que se completem três meses sobre a data em que procederam à alienação das suas acções da sociedade (era, obviamente, esta situação que tínhamos em vista quando há pouco falámos em "abandono do navio") ou, num entendimento ainda mais *benigno*[121], serem considerados "demitidos *d'office*", a partir do referido momento.

b) Vieram estas considerações a propósito, recorde-se, da segunda alínea do art. L. 225-25 do *Code de Commerce* (que, na versão originária da Lei de 1966, constituía a terceira alínea do art. 95 dessa mesma Lei). Resta dizer que elas se mantêm actuais, não obstante a promulgação da *Loi nº 2001-420 du 15 mai 2001*.

---

[119] Cfr. *Code des sociétés...*, *cit.*, p. 412.
[120] Cfr. *supra*, número 6.1., alínea a).
[121] Cfr. *supra*, número 6.1., alínea a).

Com efeito, esta Lei deixou intocada a primeira alínea, primeira parte, do art. L. 225-25 do *Code de Commerce* (que corresponde ao art. 95, primeira alínea, primeira parte, da Lei de 1966), e cujo texto cabe aqui recordar: "Chaque administrateur doit être propriétaire d'un nombre d'actions de la société déterminé par les statuts"[122]. Por força dessa mesma Lei, essa regra não se afirma, porém, relativamente aos "actionnaires salariés nommés administrateurs en application de l'article L. 225-23" – assim se dispõe na actual terceira alínea do art. L. 225-25 do *Code de Commerce* –, ou seja, os trabalhadores da sociedade podem aceder ao cargo de administradores não obstante não serem proprietários do número de acções exigido nos respectivos estatutos. Por outro lado, mas sempre por força da Lei em causa, a determinação desse número deixou de estar condicionada por aqueloutro que os estatutos fixassem "pour ouvrir aux actionnaires le droit d'assister à l'assemblée générale ordinaire" (art. L. 225-25, primeira alínea, segunda parte, do *Code de Commerce*): revogado que foi o art. L. 225-112 do *Code de Commerce* ("les statuts peuvent exiger un nombre minimal d'actions, sans que celui-ci puisse être supérieur à dix, pour ouvrir le droit de participer aux assemblées générales ordinaires"), revogada foi também a primeira alínea, segunda parte, do art. L. 225-25 do *Code de Commerce* há pouco referida.

B) Itália
7. Os administradores da sociedade anónima no *Codice di Commercio* (1882); a obrigatoriedade de prestar caução para o exercício do cargo
O Código Comercial italiano (1882) alargava o círculo dos potenciais administradores das sociedades anónimas aos não-sócios[123]. Afastava-se, pois, das Leis francesas de 1863[124] e de 1867[125]; e, afastando-se de ambas essas Leis, retomava a orientação do *Code de Commerce*[126].

Nas referidas Leis – e, como melhor veremos adiante, também na Lei belga de 18 de Maio de 1873 –, o legislador italiano colheu inspiração, sim, a propósito da caução dos administradores. Dela se ocupava o art. 123, que a seguir se transcreve:

"Ogni amministratore deve dar cauzione per la sua gestione sino alla concorrenza della cinquantesima parte del capitale sociale. Però nell'atto costi-

---

[122] Na doutrina mais recente, cfr., por exemplo, M. COZIAN/A. VIANDIER/F. DEBOISSY, *Droit des sociétés*, 20ª ed., Litec, Paris, 2007, p. 236, e D. VIDAL, *Droit des sociétes*, 5ª ed., L. G. D. J., Paris, 2006, p. 491.
[123] "La società anonima è amministrata da uno o più mandatarii temporanei, revocabili, *socii o non socii*" – assim se lia no art. 121.
[124] Cfr. *supra*, número 4.
[125] Cfr. *supra*, número 5.1.
[126] Cfr. *supra*, número 3.

tutivo può stabilirsi che la cauzione non ecceda la somma di lire cinquantamila di capitale o di valore nominale delle azioni.

La cauzione deve darsi col deposito delle azioni nelle casse della società se dall'atto costitutivo o dall'assemblea generale non è designato un altro luogo.

Se le azioni depositate sono al portatore, devono convertirsi in nominative e in ogni caso il vincolo dev'essere iscritto nel libro delle azioni.

Se il capitale non è diviso in azioni e se il modo di dar cauzione non è determinato nel'atto costitutivo, provvede il tribunale civile".

Conhecendo nós a disciplina da caução dos administradores, instituída pela Lei francesa de 1867 – que era a que vigorava à data da nova codificação do direito comercial em Itália –, fácil é ver que aqueloutra, constante do preceito transcrito, não era inteiramente coincidente. Entre ambas essas disciplinas existiam, até, diferenças deveras relevantes, e que, por isso mesmo, hão-de merecer a nossa atenção, em momentos ulteriores. Por agora, vem ao caso, sim, acentuar a sua *matriz comum*, socorrendo-nos, para o efeito, da famosa *Memoria del Ministro Finali*; interessa-nos aqui o seguinte trecho, que vimos transcrito em Marghieri[127]: "*Non credo* [são já palavras do referido ministro] *si debba abbandonare la guarentigia consistente nella cauzione*. E mi piace che la legge nostra imiti l'esempio dato da quelle di Francia e del Belgio, *prescrivendo che si diano in pegno azioni della società; perchè l'amministratori abbia un più diretto interesse sull'impresa* e una certa quantità del capital sia sottratta alle vicende del mercato, le quali, rendendo talvolta troppo mobili i titoli, poco giovano al buon andamento dell'impresa".

À luz destes dizeres, emerge a seguinte conclusão: feita a opção pela obrigatoriedade de os administradores prestarem caução, não se admitia que o objecto desta pudesse consistir em outro valores que não (os títulos que representassem) as acções da própria sociedade. Estes eram, pois, os dois aspectos que constituíam a matriz comum, a que antes aludimos, da disciplina da caução dos administradores em França e em Itália. Notável é que, neste último país, apesar de se não restringir o acesso ao cargo de administrador aos accionistas[128], se tivesse mantido a exigência de a caução ser obrigatoriamente constituída em acções da sociedade[129]. Com efeito, esta solução era dificilmente justificável – e isto para dizer o menos – no quadro do entendimento, que era o da referida *Memoria*, segundo

---

[127] Cfr. *I motivi del nuovo codice di commercio italiano*, III, Napoli, 1885, p. 56 (os sublinhados são nossos).
[128] Cfr. *supra*, nota 123.
[129] Adiante (número 7.2.) haveremos de ver que essa exigência era expressamente arredada numa única hipótese, por força do disposto na última alínea do art. 123 do *Codice di Commercio*.

o qual a falada exigência respondia à necessidade de fazer com que os administradores tivessem um *interesse mais directo na empresa social,* deles se esperando, assim, maior *zelo* (ou, se se preferir, maior *cuidado*) na sua gestão; tratava-se, no fundo, como já antes dissemos, e por várias vezes, da ideia de impedir que os administradores (das sociedades anónimas) fossem apenas gestores do dinheiro dos outros, e, impedindo isso, minimizar, na medida do possível, os *males* que, há muito tinham sido apontados por Adam Smith. Escusado seria agora dizer que, não sendo o administrador accionista, essa ideia saía, íamos a dizer, *furada*: quem não era accionista de uma determinada sociedade não era, obviamente, proprietário de quaisquer acções, e se, ainda assim, uma vez eleito administrador da sociedade em causa, estivesse obrigado a prestar caução em acções dela, só o poderia fazer com acções da propriedade de terceiros e, por conseguinte, seria gestor apenas do dinheiro dos outros[130].

Esta *falha* na *ratio*, que se dizia presidir ao instituto da caução dos administradores – igualmente detectável, como vimos[131], no direito belga, mas já não no direito francês, por isso que aí o cargo de administrador estava reservado aos accionistas –, não deixou, é claro, de ser aproveitada pelos críticos, que campearam no seio da doutrina italiana da primeira metade de novecentos, do referido instituto ou, quando menos, da sua disciplina à maneira da do art. 123 do *Codice di Commercio*. Mas este era apenas um dos motivos dessa hostilidade. De entre

---

[130] O que dizemos (no texto), a propósito da disciplina da caução dos administradores em Itália, era igualmente cabido no direito belga, na vigência da já referida Lei de 18 de Maio de 1873. Também aí se admitia, com efeito, que os administradores da sociedade anónima fossem escolhidos entre os não-accionistas (art. 43), sem se prescindir, porém, que a caução, a cuja prestação todos estavam obrigados (art. 47, 1ª alínea), tivesse por objecto acções (obrigatoriamente nominativas: art. 47, segunda alínea) da própria sociedade, as quais acções, no entanto, e como decorria expressamente do art. 48, segunda alínea, não tinham de pertencer ao próprio administrador ("Si les actions n'appartiennent pas à l'administrateur dont elles garantissent la gestion, le nom du propriétaire doit être indiqué lors du dépôt; il en est donné connaissance à la première assemblée générale" – assim se lia na referida alínea).
Como escrevia L. FREDERICQ, *Principes de droit commercial belge*, Tomo II, *Les sociétés*, Gand, 1930, p. 360, ao impor que a caução fosse obrigatoriamente constituída em acções da sociedade, *"le législateur a voulou intéresser l'administrateur au sorte de l'être moral qu'il représente"*. A ter sido assim, como explicar então que as "acções de garantia" pudessem pertencer a um terceiro? A justificação, imputada por L. FREDERICQ, *ob. cit., loc. cit.*, ao próprio legislador, era a seguinte: este considerou que, não obstante as acções pertencerem a terceiro, o referido *sentimento de responsabilidade* não saía enfraquecido, dado que esse terceiro seria *"presque toujours un parent ou un ami*, et que l'administrateur sait que de sa bonne ou mauvaise gestion dépendra la bonne ou la mauvaise fortune des titres déposés" (os sublinhados são nossos, mas as aspas não).
[131] Cfr. nota anterior.

os restantes sobressaía aquele já nosso conhecido – e que, como antes dissemos, advinha da alteração de *fond en comble* da fisiologia da caução nas "modernas sociedades anónimas": *um remendo de tecido (dogmaticamente) novo em tecido (pragmaticamente) usado*[132] –, respeitante à *inadequação* da caução, atento o modo como o legislador a disciplinara, ao seu próprio escopo. Ainda e sempre, é claro, a obrigatoriedade de a caução ser constituída em acções da própria sociedade; na pergunta [retórica] de Sraffa: "che efficienza possono avere le azioni come cauzione nel caso in cui la società sia mandata a rovina per colpa degli amministratori, una volta che la rovina della società vuol dire perdita delle azioni, per prima cosa?"[133].

Impõe-se-nos avançar. E, para proceder com ordem, teremos de voltar a olhar, agora de modo mais miúdo, para o art. 123 do *Codice di Commercio*.

7.1. Montante da caução

Comecemos pelo montante da caução. Tínhamos, em primeiro lugar, que a sua determinação não era deixada na livre disponibilidade dos sócios (era também assim, como vimos, na Lei francesa de 1863[134]; mas deixou de ser assim depois da Lei de 1867[135]). Igualmente digna de nota era a ideia[136] de fazer depender o mon-

---

[132] cfr. *supra*, número 5.3.
[133] Encontrámos esta pergunta-afirmação de Sraffa citada em A. DALMARTELLO, "Il prestito di azioni per la costituzione della cauzione degli amministratori di società anomina e l'esercizio del voto sulla base delle azioni vincolata a cauzione", *Rivista di Diritto Privato* 1937, II, p. 225, que a apoia sem reservas; na mesma linha, entre muitos outros, cfr. A. DE GREGORIO, *Delle società e delle associazioni commerciali*, Torino, 1938, p. 236, G. FRÈ, *L'organo amministrativo nelle società anonime*, Roma, 1938, p. 136, e C. VIVANTE, *Trattato di diritto commerciale*, vol. II, *Le società commerciali*, 5ª ed., Milano, 1923, p. 274.
[134] Cfr. *supra*, número 4.
[135] Cfr. *supra*, número 5.1.
[136] Uma ideia tributária, diga-se, da Lei francesa de 1863 (cfr. *supra*, número 4.), e que, embora com *nuances*, fora também acolhida na Lei belga de 1873. Relevavam, a propósito, os arts. 47 e 48 desta última Lei: *i*) o primeiro estatuía que "chaque administrateur doit affecter par privilège un certain nombre d'actions à la garantie de sa gestion"; *ii*) e, nos termos do segundo, o administrador *"nommé par les statuts"* era obrigado a depositar um número de acções cuja soma do respectivo valor nominal correspondesse à quinquagésima parte do capital social da sociedade, sem contudo ter de ser obrigatoriamente superior a 50 000 francos, ao passo que o administrador *"nommé par l'assemblée générale"* devia depositar o número de acções fixado nos *statuts*. Esta diferença (entre os administradores "nomeados pelos estatutos" e os "administradores eleitos pela assembleia geral") foi eliminada pela Lei de 22 de Julho de 1913; o novo art. 58 (ex-art. 48) passou então a dispor o seguinte: *"Les statuts fixent le nombre d'actions à déposer par chaque administrateur"*. [O art. 47, cujo texto não foi alterado, passou a constituir o art. 57.]

tante da caução do montante do capital da respectiva sociedade – "Ogni amministratore deve dar cauzione per la sua gestione sino alla concorrenza della cinquantesima parte [2%, pois] del capitale sociale" (art. 123, primeira alínea, primeira parte) – e, nessa medida, atender à dimensão da própria empresa ("maior a nau, maior a tormenta"...). Todavia, essa ideia veio a ser depois *defraudada* (o legislador italiano terá "ouvido" a loa que Lyon-Caen/Renault[137] haviam feito ao abandono do regime da Lei francesa de 1863: "il était déjà rigoureux d'exiger que des administrateurs eûssent le vingtième d'un capital pouvant atteindre vingt millions; ce serait excessive pour un capital qui, aujourd'hui, peut être beaucoup plus considérable"): nas sociedades cujo capital fosse superior a 2,5 milhões de liras, o valor da caução (de cada administrador, entenda-se) podia quedar-se pelas 50 mil liras, bastando, para o efeito, que o respectivo *"atto costitutivo"* assim o determinasse ("Però – assim se lia na segunda parte da primeira alínea do art. 123 – nell'atto costitutivo può stabilirsi che la cauzione non ecceda la somma di lire cinquantamila di capitale o di valore nominale delle azioni").

Ocioso dizer que o montante da caução (de cada um) dos administradores de uma sociedade, cujo capital social não excedesse os 2,5 milhões de liras, podia ser superior à cinquentésima parte desse montante, do mesmo jeito que numa sociedade, cujo capital social excedesse os 2,5 milhões de liras, o montante da caução (de cada um) dos administradores podia ser superior a 50 mil liras – tudo isto assim, é claro, mediante a introdução no "atto costitutivo" da sociedade em causa de uma cláusula com esse conteúdo. E, nesse mesmo pressuposto, seria então possível *diferenciar* o montante da caução dos vários administradores, atendendo ao tipo de funções que eram chamados a desempenhar: assim, e por exemplo, distinguir entre administradores delegados e administradores não-delegados, exigindo aos primeiros uma caução de montanter superior à dos segundos[138].

7.2. Valores com os quais devia ser constituída a caução
Sobre os valores com os quais devia ser constituída a caução, o art. 123, como antes vimos, não deixava quaisquer dúvidas: teriam de ser (títulos representativos das) acções da própria sociedade, sendo mister, para que a caução se considerasse dada, o seu depósito nas "caixas da sociedade", sem prejuízo de o "atto costitutivo o l'assemblea generale" poderem designar um outro lugar (*v. g.*, um banco); caso

---

[137] *Ob. cit.*, p. 188.
[138] Nesse sentido, *vide* A. DE GREGORIO, *ob. cit.*, p. 238.

as acções depositadas fossem ao portador – e para dizer com C. Vivante[139] – deviam ser "annullate e sostituite con azioni nominative e vincolate nel libro dei soci a titolo di cauzione"[140].

A generalidade da doutrina entendia que a regra, respeitante à prestação de caução em acções da sociedade, relevava da ordem pública, insusceptível, pois, de ser arredada no "atto constitutivo"[141]. No seio da jurisprudência, e ao que conseguimos apurar, o entendimento não era diverso; sirva de exemplo um acórdão um acórdão do *Tribunale de Milano*, de 12 de Julho de 1911, no qual se recusou o registo (*omologazione*) do contrato de uma sociedade anónima em cujo *statuto* se dispunha que "la cauzione degli amministratori potrà in tutto o in parte essere costituita da rendita dello Stato o titoli garantiti dallo Stato"[142].

Havia, porém, um caso em que essa regra era arredada – mas isto, note-se, por existir uma disposição legal que expressamente o previa. Referimo-nos à última alínea do art. 123, cujo texto aqui se recorda: "Se il capitale non è diviso in azioni e se il modo di dar cauzione non è determinato nell'atto costitutivo, provvede il tribunale civile". A *ratio* desta norma era *lapalissiana*: faltando as acções, por o capital da sociedade não ser assim dividido, a caução dos respectivos administradores não podia tê-las por objecto. Tratava-se, no fundo, de uma situação de *impossibilidade material* de prestação de caução em acções da sociedade.

Porém, não tardou a pôr-se a questão de saber se o preceito abrangeria outras situações em que fosse feita a prova da referida *impossibilidade material*, por razões outras, é claro, que não a que era expressamente mencionada. Referindo-se a esta questão, W. Bigiavi[143], punha-a nos seguintes termos: "*quid iuris ove Tizio, eletto amministratore di una anonima, non riesca in alcun modo a procurarsi (in proprietà o in comodato) le azioni necessarie per costituire la cauzione?*". Com o argumento de que não seria justo que a sociedade se visse numa situação de não poder funcionar – um regime, que fora pensado para a favorecer, acabaria, afinal, por redundar em seu prejuízo –, a maioria da doutrina e da jurisprudência defendiam que o administrador, em hipóteses como a que foi há pouco referida, podia ser autorizado a prestar caução em outros valores que não as acções da própria

---

[139] Cfr. *ob. cit.*, p. 272.
[140] Assim se dando cumprimento ao disposto na terceira alínea do art. 123, cujo texto aqui se recorda: "Se le azioni depositate sono al portatore, devono convertirsi in nominative e in ogni caso il vincolo dev'essere iscritto nel libro delle azioni".
[141] *Vide*, por todos, C. VIVANTE, *ob. cit.*, p. 273, e A. SCIALOJA, "Rassegna critica della giurisprudenza onoraria in materia di società per azioni", *Rivista del Diritto Commerciale* 1912, I, p. 58.
[142] Cfr. A. SCIALOJA, *ob. ult. cit., loc. cit.*
[143] Cfr. "Sulle cauzioni prestate dagli amministratori di anonime", *Foro Italiano* 1937, I, 1632.

sociedade, apenas dissentindo a propósito do órgão ou da autoridade competente para conceder essa autorização[144].

7.3. A natureza jurídica da caução; sujeito(s) por ela (directamente) garantido(s) e consequências decorrentes da falta da sua prestação

Sobre a natureza jurídica da caução, a doutrina mais conceituada (à semelhança, aliás, do que vimos ter acontecido em França[145]) não dissentia: o depósito das acções (obrigatoriamente nominativas, já o sabemos), com as quais a caução era formada, valia como constituição de um (*direito de*) *penhor* sobre essas mesmas acções. Quase todos os que assim pensavam – e, sendo muitos, eram também, como ainda agora dissemos, os mais conceituados[146] –, ocupando-se da questão de saber *para garantia de quem era esse penhor constituído*, identificavam a própria sociedade, e só ela; a única voz discordante era a de C. Vivante, que falava de uma "garanzia di chiunque divenga creditore della società a motivo della mala gestione degli amministratori"[147].

---

[144] Subscrevendo esse entendimento (liberal), cfr., por exemplo, A. SCIALOJA, "Rassegna critica della giurisprudenza onoraria in materia di società per azioni (anno 1912)", *Rivista del Diritto Commerciale* 1913, I, p. 766, e U. NAVARRINI, *Delle società e della associazioni commerciali*, Milano, 1924, p. 542. O primeiro Autor, partindo da natureza excepcional da última alínea do art. 123 do *Codice Commerciale* e, consequentemente, da impossibilidade da sua aplicação analógica, considerava mister recorrer ao tribunal para que fosse ele a estabelecer o modo de dar a caução; Navarrini, por sua vez, não via obstáculo a que fosse a própria "assemblea [a] autorizzare lo amministratore a fornire la cauzione in modo diverso; toccherà al tribunale esaminare se tal modo corrisponda o non al voto della legge" (*ob. cit., loc. cit.*). Na jurisprudência, para além da sentença do *Tribunale di Torino*, de 19 de Outubro de 1912, comentada por A. SCIALOJA, *últ. ob. cit., loc. cit.*, vide o aórdão da *Corte di Cassazione di Torino*, de 9 de Julho de 1885.
Criticamente, sobre o referido entendimento, *vide* W. BIGIAVI, "Sulle cauzioni ...", *Foro Italiano, cit.*, 1633, e A. DE GREGORIO, *ob. cit.*, p. 237.

[145] Cfr. *supra*, número 5.3.; acrescente-se que na Bélgica existia também a mesma unanimidade de vistas sobre a natureza jurídica da caução – cfr., por todos, L. FREDERICQ, *ob. cit.*, p. 359 s.

[146] Cfr., por exemplo, C. VIVANTE, *ob. cit.*, p. 272, C. A. COBIANCHI, "Del prestito di azioni per la costituzione della cauzione amministrativa ", *Rivista del Diritto Commerciale* 1928, II, p. 239 s., T. ASCARELLI, "Sulla possibilità dei soci di costituire con proprie azioni la cauzione degli amministratori. – Sul diritto di voto con azioni vincolate a cauzione degli amministratori, ma di proprietà di altro socio o del direttore. – Sul limiti di applicabilità dell'art. 161 cod. commercio", *Foro Italiano* 1936, I, 1230 s., A. SCIALOJA, "Questioni in tema di cauzione degli amministratori di anonime", *Rivista del Diritto Commerciale* 1937, II, p. 58 s., A. DALMARTELLO, "Il prestito...", *Rivista di Diritto Privato, cit.*, p. 213 s., W. BIGIAVI, "Sulle cauzioni...", *Foro Italiano, cit.*, 1630 s., A. DE GREGORIO, *ob. cit.*, p. 239 s., e G. FRÈ, *L'organo... cit.*, p. 148 s.

[147] Cfr. *ob. cit.*, p. 272-273; em continuação, Vivante escrevia: "i loro creditori particolari [os credores particulares dos administradores] non potrebbero nè sequestrarla nè venderla se non *in via subordinata ai diritti prevalenti dei creditori sociali e degli azionisti*" (sublinhámos).

a) Conhecendo-se esta posição de Vivante, não pode admirar a solução por ele excogitada para a falta de prestação de caução. Ouçamo-lo: "La nomina dell'amministratore deve considerarsi subordinata alla prestazione della cauzione, *come ad una condizione risolutiva*; cosicchè se non la presta, gli altri amministratori uniti ai sindaci devono surrogarlo, come se il suo *posto* fosse divenuto *vacante*"[148]. Este trecho significava (ou, quando menos, foi assim que todos o entenderam) que o Mestre de Roma fazia derivar da falta de prestação de caução a perda ("decadenza") do cargo. E mais: era de uma "*decadenza di diritto*" que se tratava, porquanto o "*posto*" (do administrador faltoso) se haveria de considerar, sem mais, "*vacante*".

Conquanto tivesse conhecido algum apoio na jurisprudência[149], essa tese vivanteana – mesmo depois da promulgação do *regio decreto-legge 30 ottobre 1930 n. 1459*, modificado e convertido em lei pela *legge 4 giugno 1931 n. 660*, da qual falaremos adiante – não convenceu a maioria da doutrina (em consonância, aliás, com o entendimento, largamente maioritário, segundo o qual o penhor, que depósito das acções constituía, *era para garantia da sociedade, e só dela*). A crítica mais circunstanciada – que U. Navarrini disse constituir "*il colpo di grazia*" da referida tese[150] – proveio de A. Scialoja; citando a sentença do *Tribunale di Pisa*, de 1 de Abril de 1897[151], na qual se considerou "*improponibile, per mancanza di veste giuridica nell'attore, l'azione spiegata in rappresentanza di una società anonima, se gli amministratori, od almeno la maggioranza di essi, non abbiano depositata nè costituita la cauzione che è condizione imprescindibile per la validità della nomina loro e per la legittimità delle funzioni rispettive*", o Autor concluía que ela (a sentença), "logico corollario della tesi della decadenza di diritto [a tese de Vivante, recorde-se], dimostra come non si possa nemmeno dire che questa tesi risponda a pratiche esigenze, anzi, in mancanza di un preciso ed opportuno regolamento, *è chiaro che essa darebe luogo a pericolose incertezze ed a molteplici inconvenienti*"[152].

---

[148] Cfr. *ob. cit.*, p. 273.
[149] *Vide*, nesse sentido, sentença do *Tribunale di Pisa*, de 1 de Abril de 1897, *Giurisprudenza Italiana* 1897, II, 312 s., acórdão da *Corte di Cassazione*, de 11 de Julho de 1931, *Foro Italiano* 1931, I, 1199 s., e acórdão da *Corte di Cassazione*, de 24 de Janeiro de 1936, *Rivista del Dirito Commerciale* 1936, II, p. 205 s.
[150] Cfr. "Questioni in materia di società e di fallimento", *Rivista del Diritto Commerciale* 1936, II, p. 211.
[151] Cfr. penúltima nota.
[152] Cfr. *Foro Italiano* 1937, I, 1200 (os sublinhados são nossos); Scialoja cita, entre os críticos da tese da *decadenza di diritto*, VIDARI, *Corso*, II, n. 802, MARGHIERI, *Comm.*, 4ª ed., n. 393, e GAGLIANO, *Gli amministratori delle società anonime*, p. 92. Navarrini, também ele um crítico dessa tese, escreveu: "Si dovranno applicare [no caso de não prestação de caução, entenda-se] i principi generali: *la società*

À luz dessa conclusão, e depois de esgrimir argumentos vários (que não vem ao caso pormenorizar ou sequer referir), Scialoja aproximava-se de Navarrini[153], abraçando a tese da *revogação por justa causa*: "L'amministratore ritardatario sarà invitato dagli organi sociali a depositare la cauzione, *e poi riconosciuta la sua inadempienza sarà diffidato, e l'assemblea potrà revocarlo per giusta causa, e surrogarlo.* (...) *Fino al momento della revoca l'amministratore senza cauzione sarà naturalmente da considerarsi nel legittimo esercizio del suo ufficio così nei riguardi della società come nei riguardi dei terzi*"[154].

À data em que A. Scialoja escrevia, vigorava já a *legge 4 giugno 1931 n. 660*, que, retomando disposições do *regio decreto-legge 30 ottobre 1930 n. 1459*, trouxera importantes novidades em matéria de caução dos administradores das sociedades anónimas. Relevavam, a propósito, os arts. 3 e 10 dessa lei: *i*) o primeiro punia com prisão até um ano e com multa de 1 000 a 10 000 liras os administradores que "non hanno prestato la cauzione prevista dall'art. 123 del Codice di commercio entro 30 giorni dacché hanno avuto notizia della nomina"; *ii*) o art. 10 estatuía que a condenação à pena de prisão importava *incapacidade* para o exercício de cargos directivos e administrativos por dez anos.

A inexistência de qualquer prazo para a prestação de caução fora um dos argumentos invocados por Scialoja para negar valimento à tese da *"decadenza di diritto"* (na sua próprias palavras: *"Una così grave e radicale sanzione deve per necessità far capo ad termine preciso:* scoccato l'ultimo giorno del tempo concesso, l'amministratore inadempiente decade, e la sua nomina è come non avvenuta"[155]). Passara a existir esse prazo, é verdade. Mas, nem por isso, Scialoja mudou de campo, ou seja, continuou a afirmar que não havia *"decadenza di diritto dall'ufficio per la mancata cauzione entro il termine"*. Sobrevinha, sim, "qualcosa di più, ma di diverso": a *incapacidade* para o exercício de um cargo de administração em qualquer sociedade, na sequência da condenação (art. 10 da lei antes referida).

Sobrevindo essa *incapacidade*, haveria naturalmente *"decadenza dall'ufficio"* – na sociedade relativamente à qual não fora prestada a caução no prazo legal, e tam-

---

potrà costringere l'amministratore a prestar cauzione, potrà revocarlo, potrà considerarlo, senz'altro, come dimissionario (...). Se la cauzione non fu prestata, questo non impedirà certamente che l'amministratore non sia considerato tale e non incorra in tutte le sanzioni della legge, appunto perchè, come se disse, la prestazione della cauzione non è condizione di eleggibilità; alla sua responsabilità si aggiungerà quella di coloro che dovevano fare osservare la legge e non l'hanno fatto" (*ob. cit.*, p. 533; sublinhados nossos). Cfr. ainda nota 156.

[153] Cfr. nota anterior.
[154] Cfr. *Foro Italiano* 1931, I, 1201.
[155] Cfr. *Foro Italiano* 1931, I, 1200.

bém, é claro, em qualquer outra na qual o sujeito que sofrera essa condenação exercesse as funções de administrador. Tratava-se, em todo o caso, de uma "decadenza", mais ou menos eventual e futura, que, por isso mesmo, não impediria que numa sociedade *bem dirigida* se procedesse à revogação e à substituição do administrador inadimplente, logo que tivesse decorrido o prazo (de 30 dias) para a prestação de caução – assim rematava Scialoja[156-157].

b) Uma nota final sobre a disciplina da caução dos administradores das sociedades anónimas, no quadro do art. 123 do *Codice di Commercio*. Respeita ela à *duração* da caução ou, se se preferir, à *duração* do penhor em cuja constituição aquela se traduzia. Mandaria a lógica que a caução (*scilicet*: o penhor) subsistisse até ao momento em que fosse possível à sociedade agir contra os administradores por

---

[156] Cfr. *Foro Italiano* 1931, I, 1201. Abraçando a tese da *revogação com justa causa* do administrador, que não prestasse a caução no prazo de 30 dias após o conhecimento da sua nomeação (na esteira, pois, de A. Scialoja), *vide* G. FRÈ, *ob. cit.*, p. 147. Diferente era, porém, o entandimento de A. DE GREGORIO, *ob. cit.*, p. 241, nota 1, que considerava quer a tese da *decadenza di diritto* lograra um novo arrimo com a fixação do referido prazo para a prestação de caução; abraçando essa tese, o Autor tinha, porém, o cuidado de *temperar*: relativamente aos terceiros, a cessação da relação de administração só produziria efeitos quando fosse levada ao seu conhecimento.

[157] Referimo-nos, várias vezes, e a diferentes propósitos, ao regime da caução dos administradores das sociedades anónimas no direito belga. Uma palavra final sobre o aspecto que agora estamos a considerar: efeitos decorrentes da falta de prestação de caução. O art. 59 da Lei de 1873 – que correspondia ao art. 49 antes das alterações introduzidas pela Lei de 22 de Julho de 1913 – apresentava a seguinte redacção: "*A défaut de s'être conformé aux conditions prescrites par les deux articles précédents* [cfr. *supra*, nota 136] *dans le mois de la constitution définitive de la société s'il s'agit d'un administrateur nommé par les statuts, ou dans le mois de sa nomination ou de la notification qui devra lui en être faite, si elle a eu lieu en son absence et qu'il s'agisse d'un administrateur nommé par l'assemblée générale, tout administrateur est réputé démissionnaire et il sera pourvu à son remplacement par l'assemblée générale*".
Dizendo-se no preceito que o administrador, decorrido o prazo de um mês (não importa agora a partir de que data é que esse prazo se contava) sem que houvesse sido prestada a caução, era "*reputé démissionnaire*", tal podia significar (como já antes dissemos, a propósito da actual segunda alínea do art. L. 225-25 do *Code de Commerce*; cfr. *supra*, números 6.1., alínea a) e 6.3.) que esse administrador (*i*) ficava sujeito a ver as suas funções cessarem, é dizer, a perder a qualidade de administrador logo que a assembleia geral nisso conviesse, ou (*ii*) que essas funções cessavam imediatamente após o decurso do referido prazo, falecendo, por conseguinte, a sua qualidade de administrador de direito nesse mesmo momento.
L. FREDERICQ, *ob. cit.*, p. 362, parecia aproximar-se daquele segundo entendimento ao dizer que "*pour que la démission soit acquise, elle doit être publiée*" – publicada, mas não objecto de uma deliberação da assembleia geral, note-se. Porém, o Autor cuidava de acrescentar que "*vis-à-vis des tiers qui n'ont pas été advertis de la démission, l'associé reste administrateur, avec toutes les responsabilités attachées à cette fonction, jusqu'au moment de sa remplacement*" (cfr. *ob. cit.*, p. 362-363; sublinhados nossos).

actos de má gestão. Por outras palavras – que são de Navarrini[158] –, a caução (*scilicet*: o penhor) dever-se-ia manter, não apenas durante o período do mandato dos administradores, mas até ao termo do prazo de prescrição da acção de responsabilidade com base nos referidos actos[159]. Por sobre a lógica, estava, porém, "l'uso generalmente accolto (...) nell senso di restituire la cauzione dopo l'approvazione del bilancio relativo all'ultimo esercizio in cui l'amministratore è rimasto in carica"[160].

8. O *Codice Civile* (1942): manutenção da abertura aos *managers* e da obrigatoriedade da prestação de caução; diferenças relativamente ao regime anterior

Ao *Codice di Commercio* (de 1882) sucedeu, em 1942, o *Codice Civile*. Neste outro código – um código único de direito privado, em que o direito comercial nos aparece regulado no Livro V, como um mero "*direito do trabalho*" – mateve-se a regra de não fazer depender o acesso ao cargo de administrador de uma sociedade anónima da qualidade de seu accionista [161]. E manteve-se, outrossim, a obrigatoriedade da prestação de caução. Decorria isso mesmo do art. 2387, que a seguir se transcreve:

> "L'amministratore deve prestare cauzione in azioni nominative della società o in titoli nominativi emessi o garantiti dallo Stato, in misura non inferiore alla cinquantesima parte del capitale sociale. Può tuttavia stabilirsi nell'atto costitutivo che la cauzione non ecceda la somma di duecentomila lire al valore nominale delle azioni o dei titoli.
>
> Gli amministratori che non prestano cauzione entro trenta giorni dalla nomina decadono dall'ufficio.
>
> Il vincolo cauzionale deve essere iscritto sul titolo e nel registro dell'emittente, e non può essere tolto finchè l'assemblea non abbia approvato il balancio dell'ultimo esercizio in cui l'amministratore ha tenuto l'ufficio".

---

[158] Cfr. *ob. cit.*, p. 544.
[159] Sobre essa mesma questão, em França, na vigência das Leis de 1867 e de 1966, cfr., respectivamente, números 5.4. e 6.2., alínea d).
[160] São palavras de G. Frè, *L'organo... cit.*, p. 151; e dele são também estas outras, que vinham logo a seguir: "E tale uso si giustifica, come è noto, con lo *scarico* [o *quitus*, de falava a doutrina francesa; cfr. *supra*, números 5.4. e 6.2., alínea d)] di responsabilità che gli amministratori riceverebbero con l'approvazione senza riserva del bilancio da essi sottoposto all'assemblea dei soci".
[161] "L'amministrazione della società può essere affidata anche a non soci" – assim se lia na primeira alínea do art. 2380 do *Codice Civile* (actual art. 2380-*bis*, segunda alínea).

Olhemos então agora para este preceito, fazendo sobressair as principais diferenças entre o regime da caução dos administradores nele instituído e aqueloutro, já nosso conhecido, constante do art. 123 do *Codice di Commercio*.

8.1. Valores com os quais podia ser constituída a caução

A primeira dessas diferenças respeitava aos valores com os quais a caução podia ser constituída: antes, não podiam ser senão (título representativos de) acções nominativas da própria sociedade; depois, a par desses valores, também "títulos nominativos emitidos ou garantidos pelo Estado". Os administradores não-accionistas, que os podia haver[162], deixaram, pois, de estar constrangidos a prestar a caução em acções da propriedade de terceiros[163]. O que não significava, porém, que o não pudessem fazer, não se exigindo sequer que essas acções passassem a figurar (nos respectivo livro de registo) em nome do próprio administrador[164]; este entendimento – que já colhia a maioria dos sufrágios na vigência do art. 123 do *Codice di Commercio*[165] – sublimava a *des-subjectivação* da caução, fazendo os seus defensores notar que aquilo que nela importava "è il vincolo a favore del cauzionato, mentre è invece indifferente che la cauzione sia costituita da una persona diversa"[166].

8.2. Determinação do montante mínimo da caução

O montante da caução (de cada administrador) continuou a ser feito depender do montante do capital social da respectiva sociedade, mantendo-se, por conseguinte, o princípio de o associar à dimensão da própria empresa: esse valor, tal como acontecia no quadro do art. 123 do *Codice di Commercio*, não podia ser inferior ao que correspondesse a 2% ("cinquantesima parte") daquele montante

---

[162] Cfr. nota anterior.

[163] Cfr. *supra*, número 7.

[164] Nesse sentido, cfr., por exemplo, A. FIORENTINO, *Gli organi delle società di capitali*, Napoli, 1950, p. 109-110, A. GRAZIANI, *Diritto delle società,* Napoli, 1951, p. 243, G. FRÈ, *Società per azioni*, in: *Commentario del Codice Civile* (a cura di A. Scialoja e G. Branca), *Libro Quinto, Del Lavoro* (art. 2325--2461), 1951, p. 353, G. MINERVINI, *Gli amministratori di società per azioni*, Milano, 1956, p. 327, e G. GUGLIELMETTI, "Di alcune questioni in tema di prestazione della cauzione da parte degli amministratori", *Rivista delle Società* 1959, p. 1038; *contra* A. BRUNETTI, *Trattato del diritto delle società*, II, Milano, 1948, p. 372.

[165] Cfr. T. ASCARELLI, "Sulla possibilità...", *Foro Italiano, cit.*, 1230 s., A. DALMARTELLO, "Il prestito...", *Rivista di Diritto Privato, cit.*, p. 213 s., W. BIGIAVI, "Sulle cauzioni...", *Foro Italiano, cit.*, 1630 s., A. DE GREGORIO, *ob. cit.*, p. 236, e G. FRÈ, *L'organo..., cit.*, p. 137 s.; *contra* A. SCIALOJA, "Questioni...", *Rivista del Diritto Commerciale, cit.*, 58 s., e PROVINCIALI, "Le azioni in cauzione e il diritto di voto", *Giurisprudenza Italiana* 1937, I, 1, 722 s.

[166] São palavras de G. FRÈ, *Società per azioni, cit.*, p. 353.

(recordemos o texto do art. 2387, primeira alínea, primeira parte: "L'amministratore deve prestare cauzione in azioni nominative della società o in titoli nominativi emessi o garantiti dallo Stato, *in misura non inferiore alla cinquantesima parte del capitale sociale*"). Ainda à semelhança do que se verificava no quadro do art. 123, tal princípio, sobremaneira louvável, podia, porém, ser arredado, assim se *facilitando a vida* aos administradores das sociedades de maior porte – concretamente, das sociedades cujo montante do capital social excedesse 10 milhões de liras. Em tais sociedades, o respectivo "*atto costitutivo*" podia, com efeito, mostrar-se *amigo* dos administradores, fixando-lhes uma caução de valor inferior ao que se apuraria com o recurso à referida percentagem do montante do capital social, impondo-se-lhe, em todo o caso, "che la cauzione [igualasse] la somma di duecentomila lire al valore nominale delle azioni o dei titoli (art. 2387, primeira alínea, segunda parte; lembre-se que, no art. 123 do *Codice di Commercio*, essa soma era de "lire ciquantamila di capitale o di valore nominale delle azioni").

8.3. A (continuação da) disputa doutrina e jurisprudencial sobre os beneficiários directos da caução e as consequências da falta da sua prestação

Como antes vimos[167], a doutrina italiana mais conceituada (à semelhança das suas congéneres francesa e belga[168]) não dissentia sobre a natureza jurídica da caução: o depósito das acções ("nelle casse della società se dall'atto costitutivo o dall'assemblea generale non è designato un altro luogo"), com as quais a caução era formada valia como constituição de um (*direito de*) *penhor* sobre essas mesmas acções. Com o art 2387 desapareceu, é certo, a obrigatoriedade desse depósito: a terceira alínea, primeira parte, do preceito em referência, quedava-se pela exigência de "il vincolo cauzionale deve essere iscritto sul titolo e nel registro dell'emittente". Mas, nem por isso, a concepção da natureza pignoratícia da caução passou a ser questionada[169].

Manteve-se, sim, a divisão da doutrina no que respeita à questão de saber para garantia de quem era esse penhor constituído. Enquanto alguns, na esteira de

---

[167] Cfr. *supra*, número 7.3.
[168] Cfr. *supra*, número 5.3. e nota 145.
[169] Cfr., *ex pluribus*, A. BRUNETTI, *Trattato*..., *cit.*, II, p. 372, G. FRÈ, *Società per azioni*, *cit.*, p. 354 s., G. MINERVINI, *ob. cit.*, p. 327 s., A. FIORENTINO, *ob. cit.*, p. 110, e G. GUGLIELMETTI, "Di alcune questioni...", *Rivista delle Società*, *cit.*, p. 1036 s.; com mais referências, *vide* I. MENGHI, "La cauzione degli amministratori e i nuovi minimi di capitale sociale: abrogazione o riforma?", *Giurisprudenza Commerciale* 1979, II, p. 545-547, nota 37, que também alude às consequências (mormente em matéria de direito de voto) decorrentes da concepção da natureza pignoratícia da caução.

Vivante[170], continuaram a defender que *"l'onere della cauzione è statuito anche a garanzia di terzi (creditori sociali)"*[171], outros, que eram em maior número – à semelhança do que já acontecia na vigência do art 123 do *Codice di Commercio* –, defendiam que *"la cauzione sarebbe disposta nell'esclusivo interesse della società"*[172]. Ambas estas teses tiveram eco na jurisprudência[173], sendo certo que a diferença existente entre uma e outra não foi alheia à disputa interpretativa suscitada pela segunda alínea do art. 2387 do *Codice Civile*, cujo texto aqui se recorda: *"Gli amministratori che non prestano cauzione entro trenta giorni dalla nomina decadono dall'ufficio"*.

a) Este preceito não tinha correspondente no (revogado) art. 123 do *Codigo di Commercio*, não existindo neste, pois, qualquer previsão respeitante, já ao termo para a constituição da caução, já à sanção decorrente do incumprimeto da respectiva obrigação.

Tal não impediu, porém, que Vivante – defensor, como ainda há pouco recordámos, da tese segundo a qual a caução era imposta também no interesse dos credores da sociedade ("a motivo della mala gestione degli amministratori") – tivesse considerado que a falta de prestação de caução implicava a *perda automática do cargo (decadenza di diritto)*[174].

Como já antes também vimos, esse entendimento de Vivante, conquanto tivesse conhecido algum apoio na jurisprudência, não convenceu a maioria da

---

[170] Cfr. *supra*, número 7.3.

[171] Cfr. G. Minervini, *ob. cit.*, p. 467.

[172] Usámos palavras de G. P. Savi, "Rassegna di diritto societario– Decadenza e revoca degli amministratori di società per azioni", *Rivista delle Società* 1969, p. 114; nesse sentido, cfr., por exemplo, A. Brunetti, *Trattato...*, *cit.*, III, Milano, 1950, p. 202, A. Fiorentino, *ob. cit.*, p. 108, G. Frè, *Società per azioni*, *cit.*, p. 352-353, G. Guglielmetti, "Di alcune questioni...", *Rivista delle Società, cit.*, p. 1036 s., e Ferrara J.[or], *Gli imprenditori e le società*, 4ª ed., Milano, 1972, p. 445.

[173] Assim, e por exemplo: (*i*) a sentença do *Tribunale di Roma*, de 10 de Setembro de 1958, onde se lia que a "decadenza [cominada no art. 2387] è giustificata dalla necessità di tutelare *tutti* coloro che dall'attività dell'amministratore possono avere nocumento e cioè *i soci, la società e i terzi ed a quindi un contenuto d'interesse pubblico perché dettata dall'interesse generale e non soltanto dei soci o della società"*; (*ii*) setença do *Tribunale di Perugia*, de 5 de Dezembro de 1952: *"La cauzione rappresenta una garanzia per la persona giuridica sociale* cui si intende offrire uno strumento di tutela per rivalersi di quelle diminuzioni patrimoniali sofferte per colpa dell'amministratore". Ambas estas decisões são referidas por G. P. Savi, "Rassegna...", *Rivista delle Societá, cit.*, p. 114 (a maior parte dos sublinhados é nossa). A favor da tese que fora defendida por Vivante, ou seja, na linha da ainda agora referida sentença do *Tribunale di Roma*, de 10 de Setembro de 1958, cfr., por exemplo, acórdão da *Corte d'Appello di Milano*, de 7 de Março de 1978 (*Giurisprudenza Commerciale* 1978, II, p. 729): "(...) la cauzione non è voluta dal legislatore solo a garanzia degli interessi sociali, ma indubbiamente – quanto meno in via riflessa – anche di quelli dei creditori e dei trezi".

[174] Cfr. *supra*, número 7.3., alínea a).

doutrina ("capitaneada" por Scialoja), que, aderindo à tese segundo a qual o penhor, que o depósito das acções constituía, era para garantia da sociedade, e só dela, via na falta de prestação de caução uma justa causa de destituição do administrador inadimplente. Este outro entendimento, afirmado antes da promulgação do *regio decreto-legge 30 ottobre 1930 n. 1459*, modificado e convertido em lei pela *legge 4 giugno 1931 n. 660*, continuou a prevalecer depois dela[175].

b) Atentando no texto da segunda alínea do art. 2387, que nos dispensamos de voltar a transcrever, ficava a certeza de que, na sua origem, esteve essa antiga disputa doutrinal (que se alargava à jurisprudência) sobre os efeitos da falta de prestação de caução por parte dos administradores. No quadro dessa certeza, sobreveio, porém, uma dúvida: a dúvida sobre por qual dos dois anteriores entendimentos – "decadenza di diritto dell'amministratore" (inadimplente) *versus* "giusta causa per la [sua] revoca" (*fulanizando*: Vivante *versus* Scialoja) – havia o legislador optado.

Entre os autores que continuaram a entender que a "decadenza dall'ufficio", de que fava a referida alínea do art. 2387, operava como "*causa di revoca da deliberarsi dall'assemblea*" – uma solução que, segundo o mesmo autor, valia igualmente para as outras "cause [legais] di decadenza", enumeradas, essas, no art. 2382[176]–, avultava A. Brunetti[177]. Sendo um defensor da tese segundo a qual a caução era imposta exclusivamente no interesse da sociedade[178], Brunetti, com essa posição revelava coerência: sobrevindo a causa de "decadenza" do cargo de administrador, que era a falta de prestação de caução ("entro trenta giorni dalla notizia della nomina"), haveria de caber à sociedade, por isso que era ela a única prejudicada pelo incumprimento da obrigação em causa, a última palavra sobre a manutenção ou não do administrador inadimplente no cargo.

---

[175] Tratámos deste ponto, com algum desenvolvimento, em páginas anteriores (cfr. *supra*, número 7.3., alínea a)).
[176] Sob a epígrafe "*Cause d'ineleggibilità e di decadenza*", esse preceito (ainda hoje em vigor, e mantendo a sua redacção originária) reza assim: "Non può essere nominato amministratore, e se nominato *decade dal suo ufficio*, l'interdetto, l'inabilitato, il fallito, o chi è stato condannato ad uma pena che importa l'interdizione, anche temporanea, dai pubblici uffici o l'inacapacità ad esercitare uffici direttivi".
Lembre-se também aqui a norma da terceira alínea do art. 2385 (igualmente em vigor): "La cessazione degli amministratori dall'ufficio per qualsiasi causa deve essere iscrita entro trenta giorni nel registro delle imprese *a cura del collegio sindicale*" (na versão originária do preceito, o prazo era de 15 dias).
[177] Cfr. *Trattato... cit.*, III, p. 202.
[178] Cfr. *supra*, nota 172.

Na mesma linha (de coerência) se inscrevia a já referida sentença do *Tribunale di Perugia*, de 5 de Dezembro de 1952[179] (confirmada pelo acórdão da *Corte d'Appello di Perugia*, de 16 de Fevereiro de 1955), na qual se concluiu o seguinte: "la cauzione che l'amministratore di una società per azioni è tenuto a prestare ai sensi dell'art. 2387 c.c. è diretta a garantire l'ente sociale, e questo soltanto è legitimato a far valere la decadenza comminata per l'ipotesi che non soddisfi l'obbligo così posto dalla legge"[180].

A coerência, que apontámos a Brunetti – questão diferente era a de saber se essa coerência não assentava num pressuposto que não era o da lei; esta, com efeito, conquanto tivesse instituído a caução no exclusivo interesse (acrescentaríamos agora: *directo*) da sociedade, parecia seguro que não lhe quisera deixar a liberdade de dela dispor, por isso que não admitia a sua dispensa, mesmo no caso de esta ser prevista no "atto costitutivo", relativamente a quaisquer sociedades anónimas; ora, vistas bem as coisas, a posição de Brunetti conduzia a esse resultado, isto é, à possibilidade de a sociedade dispensar os seus administradores da prestação de caução, assim se *solapando a imperatividade* da norma que a fazia sempre obrigatória (pense-se no seguinte exemplo, que não é mais do que isso: numa determinada sociedade anónima, elegiam-se três pessoas como administradores, e estes, conluiados ou não com os accionistas com cujos votos tinham sido eleitos, não cumpriam, no prazo legal, a obrigação de prestar caução, cientes de que só perderiam o cargo se a assembleia geral viesse a deliberar nesse sentido, é dizer, se aqueles que os tinham elegido nisso conviessem) –, a coerência, que apontámos a Brunetti, dizíamos, também não faltava a G. Minervini: defendendo, como antes vimos[181], que "l'onere della cauzione è statuito anche a garanzia di terzi (creditori sociali)", o Autor vinha depois a concluir no sentido da *"operatività automatica"* da sanção prevista na segunda alínea do art. 2387 – assim se obstando ao resultado que vimos poder conduzir a posição de Brunetti, e que era o de *solapar a imperatividade* da norma sobre a obrigação de os administradores prestarem caução. À mesma conclusão (de Minervini) já antes haviam chegado A. Fiorentino[182]

---

[179] Cfr. *supra*, nota 173.
[180] Transcrevemos de G. MINERVINI, *ob. cit.*, p. 467.
[181] Cfr. *supra*, nota 171.
[182] "Si pone così termine – são palavras do referido Autor, a prpósito da segunda alínea do art. 2387 (cfr. *ob. cit.*, p. 106, nota 54) – alla discussione che, sotto la precedente legislazione, si faceva sugli effetti della mancata prestazione della cauzione da parte degli amministratori se fosse cioè causa di decadenza della carica o 'giusta causa' di rivoca"; no quadro deste seu entendimento, A. Fiorentino rematava do seguinte modo: "La decadenza avviene a nostro avviso *di diritto*: non occore pertanto una deliberazione *costitutiva*, dell'assemblea (...), perchè non è in potere di essa di deliberare o meno la decadenza dell'amministratore che viene a trovarsi in una delle posizioni previste dalla legge [art.

e G. Frè[183], os quais, porém, reconduziam a obrigatoriedade da prestação de caução à satifação do interesse exclusivo da sociedade[184] – a sua adesão à referida tese (da "*operatività automatica*) assentava, pois, no já referido pressuposto de que, não obstante a garantia, inerente à prestação de caução, ter como único beneficiário (directo) a sociedade, esta não podia dela dispor (dispensando-a), qualquer que fosse o momento e a forma escolhidos para o fazer.

c) Apresentados os dois entendimentos sobre os efeitos da falta de prestação de caução dos administradores ("entro trenta giorni della notizia della nomina"), defendidos pela doutrina nos inícios da vigência do art. 2387 – apresentados esses dois entendimentos, e tendo também visto que o dissenso que eles reflectiam tinha origem numa antiga disputa (personificada por Cesar Vivante e Antonio Scialoja, dois dos maiores vultos da comercialística italiana da primeira metade do século XX) sobre a interpretação do art. 123 do *Codice di Commercio* –, cabe agora dizer que o da perda automática do cargo (*decadenza di diritto*) acabou por se tornar largamente maioritário (seria caso para dizer que Vivante *derrotou* Scialoja).

E não foi apenas no seio da doutrina[185], sendo certo que não faltou quem lhe introduzisse uma *reserva* deveras significativa. Assim, e por exemplo, F. Bonelli[186]: "La decadenza determina, con effetto immediato ed automatico, la cessazione dalla carica di amministratore: da tale momento, ed anche nell'ipotesi in cui sia mancata la pubblicità della cessazione dalla carica (obbligo che inconbe ai sindaci: v. art. 2385³ c.c.), nessuna ommissione o inadempiemento può imputarsi all'amministratore cessato" – deixaria, porém, de ser assim, e aqui a tal *reserva* a que antes aludimos, quando "questi [o "amministratore cessato", entenda-se]

2387, segunda alínea e art. 2382 – cfr. *supra*, nota 176]. Una eventuale deliberzione dell'assemblea non potrebbe avere che natura meramente 'dichiarativa' " (cfr. *ob. cit.*, p. 106; nota 52).

[183] "L'amministratore che non presti la cauzione entro trenta giorni decade dall'ufficio. Il codice ha accolto così l'insegnamento di una notevole corrente della dottrina che già sotto l'impero dell'abrogato cod. comm. [lembre-se que G. Frè não enfileirava nessa corrente – cfr. cfr. *L'organo...*, *cit.*, p. 147] annoverava l'omessa prestazione della cauzione fra le cause di decadenza dall'ufficio di amministratore" (cfr. *Società per azioni, cit.*, p. 355).

[184] Cfr. *supra*, nota 172.

[185] Cfr., para além de Minervivi, Fiorentino e Frè (notas 181, 182 e 183), G. P. Savi, "Rassegna...", *Rivista delle Società, cit.*, p. 114 s., C. Silvetti/G. Cavalli, *Le società per azioni*, II, in: *Giurisprudenza sistematica civile e commerciale* (diretta da W. Bigiavi), Torino, 1972, p. 378, G. Ferri, *Le società*, in: *Trattato di diritto civile italiano* (diretto da Vassali), Torino, 1971, p. 519, e Ferrara J.ᵒʳ, *ob. cit.*, 6ª ed., Milano, 1975, p. 488.

[186] Cfr. *Gli amministratori di società per azioni*, Milano, 1985, p. 67.

abbia di 'fatto' continuato ad amministrare la società". Quer isto dizer que à *qualidade de administrador de direito,* cuja perda decorria automaticamente (ou, se se preferir, *ipso jure,* ficando, porém, por esclarecer se com efeitos *ex nunc* ou *ex tunc...*) da falta de prestação de caução no prazo legalmente fixado, podia suceder a *qualidade de administrador de facto* (adiante voltaremos a este ponto).

Para além de colher o apoio da maioria da doutrina, o falado entendimento (da *"operatività automatica"* da sanção prevista no art. 2387, segunda alínea, do *Codice Civile*) acabou por se impor também no seio da jurisprudência. Ilustraremos isso mesmo com alguns (poucos) arestos menos antigos[187]: *i*) acórdão da *Corte d'Appello L'Aquila,* de 16 de Dezembro de 1975, no qual se lia que "la decadenza degli amministratori per mancato versamento della cauzione opera *ipso jure*", não importando, no caso *sub judice,* "risolvere la questione se sia configurabile rispetto ad una società di capitali un amministratore di fatto (per quanto tale figura sia stata riconosciuta dalla più autorevole dottrina e da buona parte della giurisprudenza di merito), va rilevato che l'eccepita decadenza nel caso che interessa ha fatto cessare il rapporto di amministrazione, sicché non è pensabile procedere ad una successiva revoca di un amministratore decaduto (e la cui decadenza sia stata eccepita ed accertata), in quanto la revoca interverrebbe su un rapporto ormai estinto"[188-189]; *ii*) setença do *Tribunale di Milano,* de 1 de Abril de 1976 (con-

---

[187] Com mais referências, *vide* F. BONELLI, "Responsabilità dell'amministratore per violazioni successive alla cessazione dalla carica", *Giurisprudenza Commerciale* 1977, II, p. 910, nota 2.

[188] Cfr. *Giurisprudenza Italiana* 1976, I, 2, 181-182.

[189] As dúvidas, que o aresto evidenciava sobre o reconhecimento da figura do *administrador de facto* (ou, talvez melhor, sobre os *contornos* de tal figura) nas sociedades de capitais, tinham sobretudo a ver com a orientação, então prevalecente, ao nível da jurisprudência civil da *Corte di Cassazione*. Com efeito, este mesmo Tribunal, em matéria de jurisprudência penal, cedo propendeu para o reconhecimento, em termos amplos, da figura em referência; outro tanto não aconteceu em matéria de jurisprudência civil. Ou seja, quando já, naquela primeira matéria, se concluía que a qualificação de administrador pressuposta pelas normas incriminadoras devia ser reconhecida *"também ao sujeito que de facto exerce o poder de decisão sobre a gestão da sociedade"* – chegando-se, com base nessa premissa, e de forma constante, à "autónoma incriminação de tal sujeito enquanto *destinatário directo* da disposição penal" (cfr. N. ABRIANI, "Delle nebbie della finzione al nitore della realtà: una svolta nella giurisprudenza civile in tema di amministratore di fatto", *Giurisprudenza Commerciale* 2000, II, p. 182 e nota 25, com inúmeras referências) –, ainda no âmbito de jurisprudência civil (continuamos a falar, é claro, da *Corte di Cassazione*), se continuava a afirmar que "as obrigações e a responsabilidade inerentes à administração da sociedade 'não [eram] aplicáveis a quem se ingerisse na gestão sem o consentimento dos órgãos sociais' e que, quando isso ocorresse, a sociedade permaneceria estranha à actividade de tal sujeito, o qual responderia pelos danos eventualmente causados a título (não já de 'responsabilidade contratual' mas) de 'responsabilidade aquiliana, pela sua qualidade de terceiro"; na base desta *impostação* estava o convencimento: *i*) "que as específicas obrigações postas pelo legislador para defesa do correcto exercício das funções de administrador postula[va]m a existência de

firmada pelo acórdão da *Corte d'Appello di Milano*, de 7 de Março de 1978[190]), em cuja motivação se lia: "Per quanto riguarda gli effetti, dopo che l'art. 2387 c.c., innovando la normativa del codice di commercio, ha stabilito il termine di 30 giorni per la prestazione della cauzione, comminando espressamente, in difetto, la sanzione della decadenza dall'ufficio, se deve tener per certo che questa si verifica di diritto, senza bisogno di alcuna pronuncia da parte del consiglio di amministrazione o dell'assemblea"[191]; *iii*) acórdão da *Corte d'Appello de Milano*, de 9 de Junho de 1987, nele se lendo que "la decadenza dell'amministratore per venir meno della cauzione si verifica in modo automatico per effetto dell'inosservanza di norma imperativa (...) senza che a tal fine sia necessaria alcuna deliberazione o pronuncia, trattandosi di una 'sanzione' che si verificava anche contro la volontà

---

uma relação orgânica entre a sociedade e o sujeito que a administra"; *ii*) "que existia, por isso, uma necessária correlação entre os poderes e os deveres que, com base na lei ou no acto constitutivo, respeitam à posição de administrador" – "tais deveres, por outras palavras, não seriam configuráveis sem a atribuição dos correspondentes poderes de gestão e, por isso, sem a existência de uma acto de proposição ou de nomeação por parte dos competentes órgãos sociais, ainda que irregular (não publicada ou inválida) ou implícita numa deliberação tendo um conteúdo diferente" (aproveitámos a síntese da motivação do acórdão da *Corte di Cassazione*, de 12 de Janeiro de 1984 – cfr. *Giurisprudenza Commerciale* 1984, II, p. 182 s. –, feita por este mesmo Tribunal no seu acórdão de 14 de Setembro de 1999, do qual falaremos já a seguir.

Essa divergência entre ambas as jurisprudências sobre a figura do administrador de facto – dando conta da "desarmonia sistemática" dela resultante, cfr., por exemplo, F. BONELLI, *ob. cit.*, p. 126 s., e N. ABRIANI, "Dalle nebie...", *Giurisprudenza Commerciale, cit.*, p. 182 s. – acabou por ser superada, na sequência do *revirement* da *Cassazione Civile*, no acórdão de 14 de Setembro de 1999, em cuja conclusão se lia: "(...) as normas que disciplinam a actividade dos administradores regulam, na realidade, o correcto desenvolvimento da administração da sociedade e são, por isso, aplicáveis não só àqueles que foram imitidos, segundo as formas estabelecidas na lei, nas funções de administrador, mas também àqueles que se imiscuiram na gestão da sociedade sem terem recebido por parte da assembleia qualquer investidura, ainda que irregular ou implícita"; consequentemente, "também no âmbito do direito privado, tal como no do direito penal e do direito administrativo (...) os responsáveis pela sua violação *não são determinados com base na sua qualificação formal, mas pelo conteúdo das funções concretamente exercidas*" (cfr. *Giurisprudenza Commerciale* 2000, II, p. 172; sublinhados nossos). Depois deste *revirement* da *Corte di Cassazione*, sucederam-se as decisões (dos tribunais inferiores) respeitantes aos *critérios* aos quais importa recorrer para a identificação da figura do administrador de facto e, consequentemente, para a determinação das situações por ela abrangidas (cfr., por todos, com inúmeras referências, M. SPIOTTA, "Fallimento, amministratore di fatto, responsabilità: osservazioni sul tema", *Giurisprudenza Italiana* 2006, 979 s., M. MOZZARELLI, "Amministratori di fatto: fine di una contesa", *Giurisprudenza Commerciale* 2001, II, p. 565 s., e M. FRANZONI, *Società per azioni*, III, *Dell'amministrazione e del controlo* (art. 2380-2396), in: *Commentario del Codice Civile Scialoja-Branca* (a cura di Francesco Galgano), 2008, p. 58 s.

[190] Cfr. *Giurisprudenza Commerciale* 1978, II, p. 729 s.
[191] Cfr. *Giurisprudenza Commerciale* 1977, II, p. 914-915.

della collettività dei soci, che poteva solo modificarne l'entità contenendola sul limite minimo previsto dal 1º comma [do art. 2387 do *Codice Civile*]"[192].

A decisão *sub ii*) mostrava, de forma exuberante, que a perda do cargo de administrador, que se dizia constituir uma *sanção* cominada pela lei – e daí que "se verificasse de direito sem necessidade de qualquer pronúncia por parte do conselho de administração ou da assembleia" –, podia redundar, afinal, num *benefício ao infractor*. Olhemos muito rapidamente para a *fattispecie*: A, nomeado administrador único da sociedade anónima *x*, manteve-se no cargo durante cerca de três anos, sem curar, porém, da observância de alguns dos mais (específicos e) importantes deveres inerentes a esse mesmo cargo[193]. A sociedade veio, entretanto, a ser declarada falida, tendo A sido demandado pelo "curatore del fallimento", com vista à sua condenação no ressarcimento dos danos causados pela sua referida conduta. Num primeiro momento, a defesa de A assentou na invocação do facto de a sua nomeação se ter ficado a dever aos insistentes pedidos do accionista maioritário e procurador geral da sociedade, o qual, por um lado, lhe havia assegurado o carácter provisório do exercício do cargo e, por outro lado, o havia excluído de qualquer ingerência na administração da sociedade; Num segundo momento (*in extremis*, poderíamos dizer), A veio invocar que, não tendo prestado a caução prevista no art. 2387 do *Codice Civile*, "*era decaduto dal suo ufficio*" e, por conseguinte, não lhe podia ser imputada qualquer omissão ou incumprimento das obrigações que a lei impunha aos administradores. O tribunal ignorou a primeira linha de defesa[194]. Centrou-se, pois, na segunda, e, como antes vimos (pelo trecho da sentença que transcrevemos) acolheu-a, sem qualquer *reserva*, vindo, por conseguinte, a concluir pela absolvição do réu – com a expressão "sem qualquer reserva", queremos evidenciar que, tendo o "curatore del fallimento" invo-

---

[192] Cfr. *Giurisprudenza Italiana* 1988, I, 2, 594-595.
[193] A saber: (*i*) "la mancata tenuta di una regolare contabilità e la mancata redazione dei bilanci"; (*ii*) "la mancata convocazione dell'assemblea nel momento in cui le perdite avevano superato prima il terzo e poi l'intero ammontare del capitale sociale; (*iii*) "la mancata conservazione del patrimonio sociale per non aver promosso tempestivamente la liquidazione della società nostante si fosse verificata una causa di scioglimento" (cfr. *Giurisprudenza Commerciale* 1977, II, p. 909).
[194] Que, de resto, e no dizer autorizado de F. Bonelli, "Responsabilità...", *Giurisprudenza Commerciale*, cit., p. 909-910, "no aveva alcuna possibilità di successo, in quanto la giurisprudenza [a jurisprudência italiana, é claro] è giustamente fermissima nell'affermare la responsabilità degli amministratori puramente formali, che non si occupino di fatto della gestione sociale". [Seria bom que os nossos tribunais passassem a afinar por esse diapasão; manifestando (a sua) surpresa em relação a essa espécie de *dogma*, que ainda hoje impera entre nós, e que é o de só responsabilizar os administradores de direito por dívidas tributárias da respectiva sociedade, e quando esses administradores exerçam efectivamente as funções inerentes ao cargo, vide J. M. Coutinho de Abreu, "Responsabilidade civil dos administradores de sociedades", in: *IDET-Cadernos*, nº 5, Almedina, Coimbra, 2007, p. 106 s.]

cado a *qualidade de administrador de facto* de *A*, com vista à sua consequente responsabilização a esse outro título, o tribunal considerou que, no caso, essa solução não era cabida, posto que não se provara que *A*, decorrido que fora o prazo para a prestação de caução, tivesse efectivamente praticado qualquer acto de gestão em nome e por conta da sociedade[195]. Uma singular noção de *administrador de facto*, sem dúvida. À luz dela, nenhuma *omissão*, por mais grave que fosse, poderia ser havida como *comissão*!

8.4. O momento da restituição da caução

Não terminaremos este cotejo entre a disciplina da caução dos administradores das sociedades anónimas do art. 123 do *Codice di Commercio* e a do art. 2387 do *Codice Civile* sem uma alusão à última alínea, segunda parte, deste último preceito. Dizia-se aí que "Il vincolo cauzionale" não podia "essere tolto finchè l'assemblea non abbia approvato il balancio dell'ultimo esercizio in cui l'amministratore ha tenuto l'ufficio". Este era um aspecto que o art. 123 silenciava. E, nesse quadro, não faltou quem defendesse que a caução deveria durar, não apenas por todo o período do mandato dos administradores, mas até ao termo do prazo de prescrição de eventuais acções de responsabilidade que contra eles pudessem ter lugar[196]. Essa solução – também já antes o dissemos – não logrou, porém, impor-se; impôs-se, sim, o *uso* de restituir a caução logo após a aprovação do

---

[195] Faltava, é claro, a inscrição no registo (das empresas) e a consequente publicidade da cessação do cargo de administrador por parte de *A*. Mas, na opinião do tribunal, essa era uma competência exclusiva do "collegio sindicale" (cfr. *supra*, nota 176, o texto da última alínea do art. 2385 do *Codice Civile*); consequentemente, *A* não podia ser impedido de fazer valer perante a sociedade e perante os terceiros a *situação real*, isto é, não podia ser impedido de invocar perante o "curatore fallimentar" (havido, para o efeito, como terceiro) que já não era administrador à data em que se tinham verificado os ilícitos e que, por conseguinte, não podia ser considerado responsável. Esta conclusão colhia o apoio de F. BONELLI, "Responsabilità...", *Giurisprudenza Commerciale, cit.*, p. 913 s.; e não admira que assim fosse, posto que, também ele – na esteira de G. FERRI, "Mancata iscrizione della cessazione dall'ufficio e responsabilità dell'amministratore cessato nei confronti dei creditori sociali", *Revista del Diritto Commerciale* 1967, II, p. 161 s. –, interpretava a última alínea do art. 2385 do *Códice Civille* no sentido de atribuir ao "collegio sindicale" *competência exclusiva* para "attuare la publicità delle cause di cessazione o di decadenza" do cargo de administrador. Esta não era, porém, uma interpretação pacífica; assim o prova o acórdão da *Corte di Cassazione*, de 25 de Outubro de 1965, sumariado na *Rivista di Diritto Commerciale* 1967, II, p. 161 do seguinte modo: "O administrador demissionário, em caso de falta de inscrição de cessação do cargo por parte do colégio sindical, tem o ónus de providenciar directamente a essa inscrição e responde perante os credores sociais pelos factos ilícitos ocorridos no período posterior à demissão mas anterior á inscrição da mesma no registo das sociedades".

[196] Cfr. *supra*, número 7.3., alínea b).

balanço relativo ao último exercício no qual o administrador exercera o cargo[197]. Com o referido trecho da terceira alínea do art. 2387, o legislador codificou, pois, esse uso.

9. Uma explicação necessária

Finalizaremos esta nossa análise sobre os principais aspectos da disciplina da caução dos administradores das sociedades anónimas, no quadro do art. 2387 do *Codice Civile*, como talvez a devêssemos ter começado: referindo que o preceito foi revogado pelo *art. 24 della legge 4 giugno 1985, n. 281* (assim se explica que tivéssemos privilegiado o uso do pretérito). Afora essa questão de ordem, pode pôr-se uma outra, metodologicamente bem mais significativa: Para quê perder tempo com a análise de um preceito que se sabe revogado e, ainda por cima, de um ordenamento jurídico estrangeiro? A resposta dá-a o Professor Raúl Ventura: o art. 2387 do *Codice Civile* influenciou decisivamente o art. 396º do nosso actual Código das Sociedades Comerciais, podendo a interpretação daquele auxiliar a deste[198].

C) Portugal
AA) Direito antigo
10. O acesso ao cargo de administrador no "Código Ferreira Borges" (1833); breve referência

O art. 538 do nosso Código Comercial de 1833 (também designado "Código Ferreira Borges"), afastando-se – e com boas razões[199] – do seu *modelo,* postergou o uso da expressão "sociedade anónima": referia-se, sim, a "companhia", definindo-a como uma "associação d'accionistas sem firma social, qualificada pela designação do objecto da sua empresa, e administrada por mandatarios temporarios, revogaveis, accionistas ou não accionistas, assalariados ou gratuitos".

Afora a aludida diferença terminológica, que não era, note-se, dogmaticamente despicienda, o preceito *integrava* o texto dos arts. 30 e 31 do *Code de Commerce* francês (1807)[200] – o tal *modelo* de que antes falámos. Nesse quadro, avultava,

---

[197] Cfr. *supra*, número 7.3., alínea b).
[198] Cfr. "Nota sobre a caução de responsabilidade dos administradores", in: *Novos estudos sobre sociedades anónimas e sociedades em nome colectivo*, Almedina, Coimbra, 1994, p. 202.
[199] Cfr. M. NOGUEIRA SERENS, *A monopolização...*, *cit.*, p. 43 s.
[200] Conhecemos já o texto do segundo desses artigos (cfr. *supra*, nota 43); vem agora ao caso referir o do art. 30: "Elle [a sociedade anónima, entenda-se] est qualifiée par la désignation de l'objet de son entreprise".

pois, a opção por não restringir o acesso ao cargo de administrador da sociedade aos seus accionistas. Não sabemos – honradamente o afirmamos – se esse estender de mão (diríamos hoje) aos *managers* logrou tornar-se vivo e actuante. Por outras palavras, não sabemos se, nas companhias portuguesas da primeira metade de oitocentos, os administradores passaram a ser escolhidos fora do grémio social ou se, pelo contrário, e à semelhança do que vimos ter acontecido em França[201], se manteve a prática, geralmente seguida nas nossas companhias setecentistas, de restringir o acesso ao cargo aos accionistas – não a todos e quaisquer accionistas, lembre-se, mas apenas àqueles deles cujo investimento na companhia atingia um certo porte, que os estatutos cuidavam de fixar, e, nessa medida, fazendo-se do exercício do cargo, como antes também dissemos, uma coisa de (*sócios-*)*ricos*[202].

Faltando(-nos) o conhecimento da *praxis* societária sobre os dois aspectos acabados de referir, ignoramos, outrossim, se não obstante o silêncio do Código Comercial sobre a obrigatoriedade de os administradores prestarem caução, esta era *estatutariamente* imposta – *maxime*, nas companhias de maior dimensão (lembre-se de que falamos de um período em que "as companhias só [podiam] ser estabelecidas por auctorização especial do governo, e approvação da sua instituição"[203]). Neste quadro, marcado pelo desconhecimento da nossa *praxis* societária, na primeira metade de oitocentos (e não só) – desconhecimento que, de resto, não cremos que seja só de quem agora o refere: é verdade que não fizemos uma investigação muito apurada, mas foi a suficiente para concluirmos que faltam estudos sobre tal matéria (ou seja, falta fazer, relativamnente ao século XIX, o que Rui Marcos fez em relação aos séculos precedentes) –, teremos, pois, de deixar esse período para trás, e olhar para aquele outro, que se abriu com a promulgação da Lei de 22 de Junho de 1867[204].

11. Lei de 22 de Junho de 1867
11.1. A substituição do "sistema de concessão" pelo "sistema normativo"
Dela, e para começar, interessa-nos o corpo do art. 2º: "As sociedades anonymas constituem-se pela simples vontade dos associados, sem dependencia de previa auctorisação administrativa e approvação dos seus estatutos, e regulam-se pelos

---

[201] Cfr. *supra*, números 3.1. e 3.2.
[202] Cfr. *supra*, número 2.2., alínea a).
[203] Art. 546 do Código Ferreira Borges; sobre o "sistema de concessão", igualmente consagrado no art. 37 do *Code de Commerce* (1807), cfr. *supra*, número 5.
[204] *Diário de Lisboa*, nº 150, de 9 de Julho de 1867.

preceitos d'esta lei"²⁰⁵. A doutrina deste preceito era clara: substituição do "sistema de concessão" pelo "sistema normativo" ou, para dizer como Menezes Cordeiro, "abandono do esquema do reconhecimento administrativo prévio, a favor do automático"²⁰⁶. É verdade que a citação é longa, mas cremos valer a pena dar conta do modo como essa doutrina vinha justificada na proposta de lei (apresentada pelo Ministro as Obras Públicas, Commércio e Industria, João de Andrade Corvo, em 19 de Janeiro de 1867):

"O artigo 546º do codigo commercial portuguez, estatuindo que as companhias de commercio só possam ser estabelecidas por auctorisação especial do governo, e approvação de sua constituição, seguiu a doutrina até ha pouco consignada na legislação vigente das nações mais adiantadas. A experiencia porém tem mostrado ser conveniente substituir a auctorisação administrativa por um systema mais liberal, mais conforme aos principios da economia politica, que proclamam a liberdade de commercio e de industria, systema que facilite a associação de capitaes, sem contudo desprezar a justa protecção, a que estes têm direito o público e os associados. Esta protecção só deve fundar-se nos principios salutares, que a lei estabelecer, e não em uma tutela pública, a maior parte das vezes ficticia e ineficaz.

Proclamar a liberdade economica e commercial, provocando para a associação a espontaneidade dos cidadãos, e libertanbdo-os progressivamente da tutela do estado, taes são os princípios que hoje se reconhecem como os mais raciocinaes. Na proposta de lei, que tenho a honra de submetter ao vosso esclarecido exame, o principio essencial e mais importante consiste em substituir a previa auctorisação asministrativa, até hoje necessaria para a instituição de sociedades anonymas, pela liberdade da associação, sempre que se cumpram, na organização d'estas sociedades e no seu regimen economico, os preceitos que a lei prescrever.

No regimen da tutela legal ou auctorisação administrativa entende-se que o governo, antes de conceder a sua sanção, tem os meios de verificar que a associação assenta sobre sólidas combinações; que o seu capital é real e effectivo, e proporcionado aos fins da empreza; que os fundadores não pretendem illudir o publico com projectos seductores, mas destituidos de fundamento;

---

²⁰⁵ Para esconjurar o "fantasma" da *mão morta*, acrescentava-se no parágrafo único do mesmo preceito: "Da disposição d'este artigo exceptuam-se as sociedades que tiverem por fim adquirir bens immoveis, para os conservar no seu dominio e posse por mais de dez annos. A constituição d'estas sociedades fica sujeita á especial auctorisação dos poderes executivo e legislativo, segundo as leis vigentes".
²⁰⁶ Cfr. *Manual de Direito das Sociedades*, vol. I, *Sociedades em geral*, Almedina, Coimbra, 2004, p. 99.

e que nos estatutos sociaes se dão todas as garantias ao publico e aos interessados. Por mais escrupulosa que seja a verificação a que a administração publica póde proceder, nunca ella poderá dar mais que uma garantia moral, as mais das vezes inefficaz, e cujos resultados são funestos. O publico e os associados confiando exageradamente na tutela do estado, e não comprehendendo nem os direitos nem os deveres da acção administrativa, desprezam a vigilância que devem exercer sobre a organisação e administração das sociedades anonymas, e nos momentos de crise levantam infundadas queixas contra os governos que homologaram os estatutos, a quem então pretendem conceder o dom da infallibilidade e a quem muitas vezes querem imputar os seus revezes. Esquece-se então que á gerencia de taes sociedades são os poderes publicos estranhos, e que ella pertence aos associados que delegam os seus poderes em mandatarios de sua confiança.

Por isso em toda a parte começa a reconhecer-se que a intervenção administrativa na fundação das sociedades anonymas é perigosa, e quasi inutil; e que a tutela do estado dá aos associados uma segurança enganadora, fazendo adormecer a vigilancia que é de rasão elles exerçam sobre os negocios sociaes, para defeza dos deus interesses. É portanto justo entregar á iniciativa particular a formação d'estas associações, sem que a sua instituição dependa de approvação prévia, e sem que os seus estatutos estejam sujeitos a homologação.

Aos poderes do estado, n'este ramo de administração publica, deve apenas ser incumbido o velar pela execução das leis que regulem este importante assumpto."[207]

Não comungamos deste entendimento (ainda hoje muito comum) sobre o sentido do abandono do "sistema de concessão", a favor do "sistema normativo". E disso já antes demos conta[208]. Passemos então a aspectos respeitantes ao nosso tema.

11.2. O fechamente aos *managers*
As Leis francesas de 23 de Maio de 1863 e de 24 de Julho de 1867, rompendo com a doutrina do art. 31 do *Code de Commerce*, impuseram que os administradores das sociedades anónimas (na primeira das referidas leis ainda chamadas "sociedades de responsabilidade limitada") fossem escolhidos de entre os sócios[209].

---

[207] Cfr. *Diário de Lisboa,* nº 19, de 24 de Janeiro de 1867, p. 193, 3ª coluna, e p. 194, 1ª coluna.
[208] Cfr. *supra,* nota 68.
[209] Cfr. *supra,* número 4. e número 5.1.

A nossa lei de 1867 fez outro tanto. Ou seja, também ela, rompendo com a doutrina do art. 538 do Código Ferreira Borges, optou pela seguinte determinação: "As sociedades anonymas são administradas por mandatarios temporarios, revogaveis, retribuidos ou gratuitos, *escolhidos de entre os associados* (art. 13º)[210]. O Relatório (que precedia a proposta de lei) não se afadigava a justificar esta opção. À afirmação de que "[era] justo que aquelles que representam a sociedade em todos os seus actos judiciaes o extrajudiciaes não sejam estranhos aos interesses que elles, por assim dizer, personificam", seguia-se esta outra (que estava longe de corresponder à verdade): "É esta a doutrina consignada em todas as leis que regulam estes assumpto"[211].

Esse fechamento aos *managers* – e "para evitar os inconvenienttes que [dele pudessem] seguir-se em casos excepcionaes"[212] – era, digamos, temperado pela norma do art. 20º: "As operações de qualquer sociedade anonyma, *que dependerem de conhecimentos technicos e especiaes*, ou a administração quotidiana dos negocios sociaes, podem ser confiadas a um ou mais gerentes, quer sejam accionistas ou não da mesma sociedade, devendo a sua nomeação, exoneração e attribuições ser reguladas pelos estatutos". A tais "gerentes" – assim se lia no referido Relatório – não cabia, porém, "por modo algum a representação da sociedade", restringindo-se "a sua missão a auxiliar a administração propriamente dita".

11.3. Recusa da obrigatoriedade de os administradores prestarem caução

A problemática da caução dos administradores merecia um referência circunstanciada no aludido Relatório[213], que começava do seguinte modo: "É pratica quasi constante exigir que os administradores das sociedades anonymas sejam possuidores de um certo numero de acções, guardadas em deposito e inalienaveis, durante a sua responsabilidade de administração"; e, prosseguindo, dizia-se que era "um uso justo e racional", não sem que logo se acrescentasse que se tratava, muitas vezes, de "uma garantia puramente illusoria, não havendo relação alguma entre o seu valor e a importancia dos capitaes confiados à gerencia dos administradores". O (autor) do Relatório não ignorava que a Lei francesa de 23 de Maio

---

[210] A qualidade de accionista, que constituía *condicio sine qua non* para aceder ao cargo de administrador, teria de subsistir por todo o tempo de duração do respectivo mandato. Decorria isto mesmo do art. 17º, no qual se lia: "Todo o mandatario de qualquer sociedade anonyma, que deixar de ser accionista, deve immediatamente resignar o seu mandato, e se o não fizer e continuar a gerir, é pessoalmente responsável por todos os actos por elle praticados, e por todas as convenções feitas em nome da sociedade".

[211] Cfr. *Diário de Lisboa*, nº 19, de 24 de Janeiro de 1867, p. 195, primeira coluna.

[212] Relatório, *cit.*, *Diário de Lisboa*, nº 19, de 24 de Janeiro de 1867, p. 195, primeira coluna.

[213] Cfr. *Diário de Lisboa*, nº 19, de 24 de Janeiro de 1867, p. 195, segunda coluna.

de 1863 tinha impedido que fosse assim, estatuindo que "les administrateurs doivent être propriétaires, par parts égals, d'un vingtième du capital social" (art. 7)[214]; todavia, em seu juízo, essa era uma *doutrina* cujos inconvenientes a prática se encarregara de mostrar, estando, por isso, em vias de ser abandonado pelo próprio legislador francês (o autor do Relatório referia-se expressamente às propostas de alteração da Lei de 24 de Maio de 1863, que culminaram na Lei de 24 de Julho de 1867, e, como antes vimos, não se enganou nesse seu prognóstico[215]).

Tudo junto, o (autor do) Relatório concluía com a seguinte *sentença*: "A lei que pretender regular a caução (...) ficará muitas vezes áquem, ou passará alem do que for justo e conveniente". O legislador fez sua esta *sentença* e, por conseguinte – confiando "que os interessados, nos seus estatutos ou pacto social, [tomariam] sempre as providencias mais uteis e mais efficazes para assegurar a boa administração da sociedade" –, abdicou da consagração de qualquer disciplina sobre a caução dos administradores.

12. O regime da caução no "Código Veiga Beirão" (1888)
Essa opção não teve, porém, seguimento no Código Comercial de 1888 (também designado "Código Veiga Beirão"). Mas convém que procedamos com ordem.

12.1. A manutenção do fechamento aos *managers*
E, por isso, antes de nos referirmos à disciplina da caução dos administradores (que então tomaram, note-se, o nome de "directores"), constante nesse outro diploma, cabe dizer que se continuou a restringir o acesso ao cargo aos accionistas da sociedade. Consagrada no (corpo do) art. 172º[216], essa solução, que se podia continuar a louvar na da Lei francesa de 24 de Julho de 1867[217], havia sido, entretanto, abandonada, e como antes vimos, em países como a Bélgica[218] e a Itália[219], aos quais poderíamos agora acrescentar a Alemanha[220]; escrevendo antes da apro-

---

[214] Cfr. *supra*, número 4.
[215] Cfr. *supra*, número 5.1.
[216] "*A eleição dos directores será feita de entre os sócios* por tempo certo e determinado não excedente a três anos, e sem prejuízo da revogabilidade do mandato, sempre que qualquer assembleia geral o julgue conveniente".
[217] Cfr. *supra*, número 5.1.
[218] Cfr. *supra*, nota 130.
[219] Cfr. *supra*, nota 123.
[220] "Der Vorstand kann aus einer oder mehreren Personen bestehen; diese können besoldet oder unbesoldet, *Aktionäre oder Andere sein*" – § 227 do *Allgemeines Deutsches Handelsgesetzbuch* (ADHGB). [Aprovado em 1861, esse código passou a valer como lei do *Reich* em 1871 e, apesar de várias vezes alterado, manteve-se em vigor até ao início da vigência do *Handelsgesetzbuch* (HGB), que ocorreu em 1 de Julho de 1900.]

vação do Código mas quando já era conhecido o respectivo projecto, J. A. de Freitas Fortuna não era módico na crítica à manutenção de tal solução, como se pode comprovar por estas suas palavras: "Não tem sido de pequenas proporções a celeuma levantada pelo preceito que exclue da eleição para administrador aquelle que não for accionista. *Eu creio que a lei exorbita da sua legitima acção, sempre que pretende exagerar a sua potencia reguladora*"[221].

12.2. O delineamento da disciplina da caução: montante, valores com os quais podia ser constituída, duração e consequências da sua não prestação

Da caução dos administradores tratava o art. 174º, cujo texto a seguir se transcreve:

"Os directores caucionarão sempre a sua gerência na forma estabelecida nos estatutos, e, no silêncio destes, pela que for determinada em assembleia geral, sem o que não poderão entrar em exercício".

Conhecendo nós a disciplina da caução, que vigorava à época nos ordenamentos jurídicos francês, italiano e belga, fácil é ver que o nosso legislador cuidou de *inovar*. E fê-lo em aspectos deveras relevantes.

a) Não foi esse o caso, é claro, no que respeita ao *montante da caução*. A sua determinação era deixada na livre disponibilidade dos sócios[222]; repudiou-se, é verdade, a orientação dos direitos belga[223] e italiano[224], mas seguiu-se a do direito francês[225].

---

[221] Cfr. *Analyse do Projecto do Codigo Commercial*, Porto, 1888, p. 65.
[222] Cfr. Adriano Anthero, *Comentario ao Codigo Commercial Portuguez*, vol. I, Porto, 1913, p. 339 ("o nosso codigo, porém, nem designa a qualidade, nem a quantidade da caução; já porque ella deve variar, conforme os haveres dos directores e o capital e operações da sociedade; e já porque a restricção, em qualquer d'aquelles sentidos, podia afugentar da direcção exactamente os individuos mais aptos"), L. da Cunha Gonçalves, *Comentário ao Código Comercial Português*, vol. I, Lisboa, 1914, p. 436 ("o nosso legislador deixou aos associados ou á assembléa geral toda a liberdade, o que não é curial, porque pode a caução ser assim puramente irrisória"), e Raúl Ventura/L. Brito Correia, *Responsabilidade civil dos administradores de sociedades anónimas e dos gerentes de sociedades por quotas*, separata do *Boletim do Ministério da Justiça*, nºs 192, 193, 194 e 195, Lisboa, 1970, p. 217: "A lei não fixa o valor da caução a prestar. Os estatutos ou a assembleia geral podem fixá-lo sem limites, por referência a um certo quantitativo de unidades monetárias, de bens, de acções, etc. Apenas será conveniente atender à importância dos interesse postos em causa pela actividade dos administradores e à capacidade financeira dos possíveis candidadtos a tal função".
[223] Cfr. *supra*, nota 136.
[224] Cfr. *supra*, número 7.1.
[225] Cfr. *supra*, número 5.1.

Outro tanto não aconteceu relativamente aos *valores com os quais a caução devia ser constituída*. Neste aspecto, não se seguiu nenhum dos falados direitos, por isso que se não exigia que a caução tivesse por objecto (títulos representativos das) acções da própria sociedade[226] (em Itália e na Bélgica, os administradores, que podiam não ser accionistas, estavam obrigados a prestar caução em acções da sociedade; em Portugal, conquanto tivessem de ser accionistas, a caução a cuja prestação estavam obrigados podia ter por objecto outros valores que não acções da sociedade...).

Essa liberdade, que caracterizava o nosso art. 174º, no que respeita à determinação do objecto da caução, era levada por Cunha Gonçalves ao ponto de considerar que "mesmo que os estatutos declarem que a caução será prestada em acções da respectiva sociedade, não importa isto a forçosa exclusão de qualquer outra espécie de bens, mas sim a indicação de mais uma forma, de facultativa opção". O Autor justificava esta sua posição do seguinte modo: "Seria, na verdade, bem estranho que se désse preferência a taes acções, que podem não ter cotação no mercado, nem representar valor algum realizavel, *rejeitando-se a caução em dinheiro, hipoteca, fundos publicos ou quaesquer outros títulos de absoluta segurança*. Esta forma de caução deverá até ser preferida sempre: á uma, porque, tendo essas acções um valor que deriva do crédito da propria sociedade, fica esta sendo garante se si mesma; e, á outra, quando a sociedade só tivér perdas ou não estivér ainda acreditada, como sucede na sua fase inicial, pode dizer-se que é inexistente a caução representada pelas suas acções"[227]. Já conhecemos esta argumentação, que evidenciava a *disfuncionalidade* da caução constituída em acções da própria sociedade[228]; mas essa fora, como atrás também dissemos, a consequência (no modo de falar figurado, antes usado[229]) de um *remendo de tecido (dogmaticamente) novo em tecido (pragmaticamente) usado*.

Associado à liberdqde de determinação do objecto da caução estava a liberdade de determinação da *espécie de garantia*, ou seja, os estatutos ou, no silêncio destes, a assembleia geral podiam optar pela *fiança*, pelo *depósito*, pelo *penhor* ou pela *hipoteca*, mas já não, segundo Cunha Gonçalves, pela *consignação de rendimentos*[230]; escrevendo ainda na vigência do art. 174º, mas já depois da promulgação do actual Código Civil, Raúl Ventura e Brito Correia, invocando o art. 656º desse Código, não faziam aquela restrição[231]. Na opinião destes mesmos Auto-

---

[226] Cfr. *supra*, número 5.1., número 7. e nota 130.
[227] *Ob. cit.*, p. 436; sublinhados nossos.
[228] Cfr. *supra*, número 5.3. e número 7.
[229] Cfr. *locs. cits.* na nota anterior.
[230] Cfr. *ob. cit.*, p. 435.
[231] Cfr. *ob. cit.*, p. 216 e nota 484.

res[232], sendo os estatutos silentes sobre a espécie de garantia admitida e não havendo também uma deliberação da assembleia geral que a determinasse, aplicavam-se os arts. 623º e 624º do aludido Código – falamos, é claro, do Código Civil de 1966.

b) Ao que se diz, esse alargamento dos valores com os quais a caução podia ser constituída teve escassos efeitos práticos. Com efeito, segundo Cunha Gonçalves[233] – e, décadas volvidas, também segundo Raúl Ventura e Brito Correia[234] –, a preferência foi sempre pela constituição da caução em acções da própria sociedade, já porque era a única "forma de caução" que a lei regulava explicitamente (art. 168º, nº 5º[235]), já porque, sendo a caução "exigida em outros titulos ou bens, tornar-se-ia mais difícil a subscrição do capital social e a eleição dos directores, visto que os homens de negocio, em regra, não gostam de imobilizar o seu dinheiro em títulos estranhos á indústria que lhes é confiada"; alinhando este argumento, Cunha Gonçalves considerava-o "uma pura fantasia, pois é bem sabido que os capitalistas possúem títulos de muitas sociedades, e até ha pessôas que vivem do oficio de gerentes de diversas companhias!"[236]

Já sabemos que, em Itália, o art. 123 do *Codice di Commercio* (de 1872), que obrigava a que a caução fosse constituída em acções da própria sociedade, exigia, do mesmo passo, que essas acções fossem nominativas[237]; o art. 2387 do *Codice Civile* (1942), que alargou o objecto da caução aos títulos emitidos ou garantidos pelo Estado, manteve a exigência da *nominatividade,* quer em relação a esses títulos, que em relação às acções da própria sociedade[238]. Em França – também já o sabemos –, o art. 26 da Lei de 1867[239] e o art. 95 da Lei de 1966 (que lhe sucedeu)[240] impunham, também eles, expressamente que as "acções de garantia" fossem nominativas; aquele último preceito veio a ser posteriormente alterado (Lei de 6 de Janeiro de 1969), passando então a ser possível constituir a caução em acções ao portador, devendo, neste caso, o seu depósito ser efectuado junto

---

[232] *Ob. cit., loc. cit.*
[233] Cfr. *ob. cit.*, p. 436.
[234] Cfr. *ob. cit.*, p. 216.
[235] "Haverá na sede da sociedade um livro de registo, de que qualquer accionista poderá tomar conhecimento, e donde constarão: (...)/5º O número de acções consignadas em caução ao bom dsesempenho dos cargos da sociedade".
[236] Cfr. CUNHA GONÇAVES, *ob. cit.*, p. 436.
[237] Cfr. *supra*, número 7.2.
[238] Cfr. *supra*, número 8.1.
[239] Cfr. *supra*, número 5.3.
[240] Cfr. *supra*, número 6.2., alínea c).

de um banco, e não na "caixa da sociedade", como acontecia quando se tratava de acções nominativas[241].

Invocando o já referido art. 168º, nº 5º, do Código[242] – invocando esse preceito, e fazendo também referência aos arts. 123 do *Codice di Commercio* e 26 da Lei francesa de 1867, a que ainda há pouco aludimos –, Cunha Gonçalves não hesitava em afirmar que as "acções dadas em garantia", conquanto pudessem não ser propriedade dos directores, teriam de ser nominativas; se se mostrasse necessária a utilização de acções ao portador, estas teriam, pois, de ser "convertidas em nominativas, vinculadas á caução no livro de registo"[243]. Diferente era, porém, o entendimento de Raúl Ventura e de Brito Correia; admitiam, é verdade, que os estatutos ou a assembleia geral impusessem que as "acções dadas em caução" fossem nominativas, mas, faltando essa imposição, nada impedia que as acções fossem ao portador, sendo então exigido que o seu depósito fosse feito num banco ou em pessoa designada pelos estatutos ou pela assembleia geral, ou mesmo na caixa social[244] – recorde-se que a possibilidade de as "acções de garantia" serem ao portador passara a ser expressamente admitida em França, a partir de 1969, não se permitindo, todavia, que o seu depósito fosse feito na "caixa da sociedade" (Raúl Ventura e Brito Correia não faziam esta restrição e, por conseguinte, admitiam que as "acções de garantia" ficassem *à guarda* da própria sociedade...).

A razão que levara o nosso legislador a nada dizer sobre as acções que podiam constituir o objecto da caução – referimo-nos, é claro, à inexigência de esta ser obrigatoriamente constituída com esses valores – explica, assim julgamos, que também tivesse guardado silêncio sobre o *regime* a que essas acções fivam sujeitas. Na opinião de Cunha Gonçalves, as "acções dadas em caução" – que, como antes vimos, segundo o mesmo Autor, caso não fossem nominativas, deviam ser convertidas em nominativas – eram *inalienáveis*, impondo-se, também por causa disso, que ficassem "depositadas na caixa social", com a consequente constituição "a favor da sociedade de um *penhor*"[245]. Raúl Ventura e Brito Correia, que não referiam a indispensabilidade do depósito das acções nominativas, com as quais a caução tivesse sido constituída, consideravam que elas podiam ser alienadas a favor de um terceiro que aceitasse o ónus de "consignação à caução"[246].

---

[241] Cfr. *ult. loc. cit.*
[242] Cfr. *supra*, nota 236.
[243] Cfr. *ob. cit.*, p. 436.
[244] Cfr. *ob. cit.*, p. 216.
[245] Cfr. *ob. cit.*, p. 437.
[246] Cfr. *ob. cit.*, p. 216.

c) A parte final do art. 174º constituía, também ela, uma inovação do nosso legislador no *delineamento* da disciplina da caução dos administradores. Com efeito, previa-se aí uma *sanção* para a falta da sua prestação, coisa que, como vimos, não acontecia em França (Lei de 1867)[247], nem em Itália (*Codice di Commercio*)[248]. Essa sanção consistia no impedimento de o director inadimplente *"entrar em exercício"*.

Significava isto que os estatutos ou a assembleia geral, conquanto lhes não estivesse vedado fixar um certo prazo para a prestação de caução (que se poderia, eventualmente, contar a partir da data da nomeação ou da aceitação do cargo), não podiam autorizar a *entrada em exercício* dos directores sem que estes tivessem prestado a respectiva caução? Ou significava, antes, que o impedimento da *entrada em exercício* dos directores, sem que estes tivessem prestado a caução a que estavam obrigados, podia ser arredado pelos estatutos ou pela assembleia geral, fixando-se, então, um certo prazo (que se poderia, eventualmente, contar a partir da data da entrada em exercício) para o cumprimento da referida obrigação?

Aquele primeiro entendimento era o de Raúl Ventura e Brito Correia[249]; Cunha Gonçalves, por sua vez, abraçava o segundo[250].

Não tomaremos partido. O que importa salientar é a unanimidade de vistas dos citados autores sobre as consequências que advinham da *entrada em exercício* dos directores sem haverem prestado caução (Raúl Ventura e Brito Correia) ou da sua *manutenção em exercício*, expirado que fosse o prazo (fixado pelos estatutos ou pela assembleia geral) para o cumprimento daquela obrigação (Cunha Gonçalves). Ouçamos, em primeiro lugar, este último Autor: *"A falta de prestação de caução não produz a nulidade dos actos particados pelos directores em nome da sociedade*; pois não se trata de uma condição á qual a lei quizesse subordinar os podêres dos directores, mas sim de uma simples garantia da bôa gerência dêles"[251]; e agora Raúl Ventura e Brito Correia: *"os actos praticados pelo administrador nessas condições* ['começar a exercer funções sem ter prestado caução'] *devem considerar-se como actos válidos e vinculativos para a sociedade"*[252]. Esta era, porém, só uma face do problema. A outra respeitava, é claro, à *sorte do mandato* dos directores inadimplentes: *a sua revocabilidade por justa causa*, incorrendo os seus titulares (os titulares do mandato, entenda-se) em responsabilidade pelos prejuízos que daí resultassem, era

---

[247] Cfr. *supra*, número 5.5.
[248] Cfr. *supra*, número 7.3., alínea a).
[249] Cfr. *ob. cit.*, p. 217.
[250] Cfr. *ob. cit.*, p. 437.
[251] Cfr. *ob. cit.*, p. 436 (sublinhados nossos).
[252] Cfr. *ob. cit.*, p. 218 (sublinhados nossos).

a solução defendida pelos citados Autores[253]. Uma solução *sábia*, sem dúvida, e que aproveitava o melhor da doutrina estrangeira.

d) O art. 174º não referia expressamente o momento em que a caução, independentemente dos valores com os quais fora constituída, podia ser levantada ou, dizendo de outra forma, não determinava o *tempo da sua duração*. Esta "omissão" não era, porém, de molde a causar embaraço. Como se lia no art. 190º, "a aprovação da assembleia geral ao balanço e contas de gerência da administração liberta os directores (...) da sua responsabilidade para com a sociedade, decorridos que sejam seis meses, salvo provando-se que nos inventários e balanços houve omissões ou indicações falsas com o fim de dissimular a situação da sociedade". À luz deste preceito, era inquestionável que o período de duração da caução ia para além do período de duração do mandato dos directores. Todavia, segundo Cunha Gonçalves[254], findo esse período ou, como ele próprio dizia, "terminada a gerência", podiam "os ex-directores *substituir* logo a caução prestada em acções pelo respectivo valor corrente em dinheiro ou por outra espécie de garantia".

E inquestionável era também que "a aprovação da assembleia geral ao balanço e contas de gerência da administração", respeitantes ao último exercício no qual os directores haviam ocupado o cargo, não *liber(t)ando* estes da sua responsabilidade para com a sociedade, também os não habilitava a proceder ao levantamento da respectiva caução. Este levantamento só passaria a ser possível decorridos que fossem seis meses sobre a data da referida *aprovação* da assembleia geral ou, se se preferir, sobre a data da deliberação social que a consubstanciava – esse era, como decorria do art. 190º, o prazo cujo decurso faria com que "a aprovação da assembleia geral ao balanço e contas de gerência da administração" tivesse efeitos *liberatórios* (*scilicet*: funcionasse como *quitus*) em matéria de responsabiidade dos administradores para com a sociedade[255]. Tudo isto assim, no pressuposto de que os "inventários e balanços", cuja aprovação fora deliberada pela assembleia geral, não continham "omissões ou indicações falsas com o fim de dissimular a situação da sociedeade" (art. 190º, *in fine*); arredado esse pressuposto, é dizer, feita a prova (e para usar a linguagem hoje na moda) da existência de *"contabilidade criativa"*, os ex-directores só poderiam proceder ao levantamento da respectiva caução,

---

[253] Cfr. Cunha Gonçalves, *ob. cit.*, p. 437, e Raúl Ventura/Brito Correia, *ob. cit.*, p. 218; da autoria do Professor Raúl Ventura, cfr. ainda "Nota sobre a caução...", *cit.*, p. 203, e da autoria L. Brito Correia, *vide* tb. *Os administradores de sociedades anónimas*, Almedina, Coimbra, 1993, p. 717.
[254] *Ob. cit.*, p. 438.
[255] Desenvolvidamente, *vide* Raúl Ventura/Brito Correia, *ob. cit.* p. 188 s.

decorridos que fossem cinco anos sobre a data da "aprovação da assembleia geral ao balanço e contas de gerência da administração", respeitantes ao último exercício em que tinham ocupado o cargo – e isto por ser esse o prazo, que então valia, relativamente à prescrição da responsabilidade dos ex-directores para com a sociedade (art. 150º[256]).

Com a promulgação do Decreto-Lei nº 49 381, de 15 de Novembro de 1969, o art. 190º do Código Comercial deixou de poder ser considerado para a determinação do período de duração da caução dos administradores. Em vez dele, passou a relevar o art. 19º, nº 3, daquele outro diploma legal, que, no dizer dos autores do respectivo projecto, adoptou uma "solução praticamente oposta"[257]. Vejamos.

Continuava a admitir-se, é certo, que a deliberação pela qual a assembleia geral aprovava a gestão dos administradores (assim se lhes chamava agora também oficialmente) podia ter como efeito a renúncia aos direitos de indemnização da sociedade para com eles, não se subordinando a produção desse efeito (*liberatório*) ao decurso de qualquer prazo (prescricional[258]), como acontecia no quadro do art. 190º Todavia, para que fosse assim, seria mister que a assembleia, deliberando no referido sentido (recorde-se; aprovando a gestão), dispusesse de toda a informação relevante, evitando-se, por conseguinte, e para parafrasear A. Anthero[259], que a aprovação que os accionistas davam pudesse estender-se àquilo que eles ignoravam; nos dizeres do próprio art. 19º, nº 3, seria mister que "os factos constitutivos da responsabilidade [houvessem] sido expressamente levados ao conhecimento da (...) assembleia antes da aprovação [da gestão]". Igualmente exigido era que a deliberação pela qual a assembleia geral aprovava a gestão, em cuja votação os administradores estavam impedidos de participar – lembre-se que, à época, os administradores tinham de ser obrigatoriamente sócios[260] –, não tivesse tido

---

[256] Como se lia no corpo do referido preceito, "prescrevem por cinco anos as acções resultantes do contrato de sociedade ou de actos sociais, se houverem sido feitos os registos e publicações prescritos neste Código". Para mais desenvolvimentos, *vide* ADRIANO ANTHERO, *ob. cit.*, p. 277 s., CUNHA GONÇALVES, *ob. cit.*, p. 324 e ss., e RAÚL VENTURA/BRITO CORREIA, *ob. cit.*, p. 171 s.

[257] Cfr. RAÚL VENTURA/BRITO CORREIA, *ob. cit.*, p. 420. Cabe dizer que o art. 74º, nº 4, do actual Código das Sociedades Comerciais constitui uma cópia (quase fiel) do referido preceito do Decreto-Lei nº 49 381, de 15 de Novembro de 1969.

[258] Assim o qualificaram RAÚL VENTURA/BRITO CORREIA, *ob. cit.*, p. 190 e 420.

[259] *Ob. cit.*, p. 364.

[260] Esse regime (de fechamento aos *managers*) veio a ser, porém, arredado ainda antes da promulgação do actual Código das Sociedades Comerciais. Disso se encarregou o Decreto-Lei nº 389/77, de 15 de Setembro, cujo art. único estatuía que "o órgão colegial de administração das sociedades anónimas será constituído por um número ímpar de membros, os quais poderão ser ou não accionistas da respectiva sociedade".

voto contrário de uma minoria de accionistas que representasse pelo menos a décima parte do capital social (art. 19º, nº 2[261], *ex vi* art. 19º, nº 3, *in fine*).

Na presença de todas essas condições, a aprovação da gestão teria então efeitos *liberatórios*, sobrevindo, por conseguinte, o direito de os administradores, cujo mandato não se prolongasse para além do exercício em causa, procederem ao levantamento da respectiva caução.

Diversamente, ou seja, na falta de alguma das referidas condições, a aprovação da gestão não valia como *quitus*; em tal hipótese, e deixando de lado a possibilidade de a sociedade vir posteriormente a renunciar ao seu direito de indemnização, nos termos do art. 19º, nº 2, o prazo de prescrição seria de cinco anos, sendo, porém, duvidoso, pelo menos em relação aos administradores cujo mandato não se prolongara para além do exercício a que a gestão aprovada respeitava, se o rereido prazo se contava sempre a partir da data dessa aprovação ou se importaria também atender, se fosse caso disso, é claro, às circunstâncias referidas na parte final do art. 19º, nº 4[262]; fosse como fosse, uma coisa temos por segura: careceria de lógica, para dizer o menos, permitir que os ex-administradores procedessem ao levantamento da respectiva caução, enquanto a sociedade os pudesse responsabilizar por actos praticados no exercício das suas funções ou, dizendo de uma forma mais chegada às situações que estávamos a considerar, enquanto não tivesse decorrido o prazo de prescrição da responsabilidade em que houvessem incorrido.

BB) Código das Sociedades Comerciais
13. O regime da *caução* no CSC: art. 396º

Fizemos, até agora, um longo percurso sobre a evolução (também em termos da sua compreensão dogmática) do instituto da caução dos administradores de sociedades anónimas – esse percurso que se iniciou, recorde-se, falando das "Companhias de Comércio", continuou depois, já no quadro das "modernas sociedades anónimas", referindo as soluções do direito francês (*Code de Commerce*

---

[261] "A sociedade só pode renunciar ao seu direito à indemnização ou transigir sobre ele, mediante deliberação expressa da assembleia geral sem voto contrário de uma minoria de accionistas que represente pelo menos a décima parte do capital social; os accionistas interessados não podem votar nessa deliberação" – assim rezava o referido preceito, que tem hoje simile no art. 74º, nº 2, do Código das Sociedades Comerciais"; cfr. *infra*, nota 290.

[262] O texto integral desse preceito era o seguinte: "O direito de indemnização prescreve no prazo de cinco anos, a contar do termo da conduta dolosa ou culposa do administrador, ou a partir da sua revelação, se aquela houver sido ocultada, e da produção do dano, sem necessidade de que este se tenha integralmente verificado".

de 1807, Lei de 23 de Maio de 1863, Lei de 24 de Julho de 1867 e Lei de 24 de Julho de 1966) e do direito italiano (*Codice di Commercio* de 1882 e *Codice Civile* de 1942), bem como do nosso próprio direito (Código Ferreira Borges, Lei de 22 de Junho de 1867 e Código Veiga Beirão).

Mas ainda nos falta cumprir a última etapa desse percurso. Referimo-nos, é claro, à análise do art. 396º do actual Código das Sociedades Comerciais (doravante, os preceitos indicados sem qualquer referência adicional pertencem a este diploma). É dessa análise que cuidaremos a seguir, distinguindo dois momentos: no primeiro, teremos em conta a redacção que o referido preceito apresentava antes da promulgação do Decreto-Lei nº 76-A/2006, de 29 de Março, e, no segundo, a sua redação actual, introduzida pelo art. 2º deste mesmo Decreto-Lei.

Faremos uma nota prévia: o legislador de 86, na esteira no Decreto-Lei nº 389/77, de 15 de Setembro[263] – que havia retomado o regime do art. 538 do Código Comercial de 1833[264], regime, esse, que deixara de valer no quadro da Lei de 22 de Junho de 1867 (art. 13º)[265] e no do Código Comercial de 1888 (art. 172º)[266] – não restringiu o acesso ao cargo de administrador da sociedade anónima aos seus sócios. Lembre-se aqui o texto do art. 390º, nº 3: "Os administradores podem não ser accionistas, mas devem ser pessoas singulares com capacidade jurídica plena"[267].

Avancemos, e sem mais delongas, para a análise do art. 396º, tendo em consideração, e como ainda há pouco dissemos, num primeiro momento, a sua redacção anterior à promulgação do Decreto-Lei nº 76-A/2006, e, num segundo momento, a redacção que actualmente é a sua.

13.1. Cotejo do art. 396º (redacção primigénia) com o (revogado) art. 174º CCom: semelhanças e diferenças

Lembraremos, a começar, aquela primeira redacção:

"1. A responsabilidade de cada administrador deve ser caucionada por alguma das formas admitidas por lei, na importância que for fixada pelo con-

---

[263] Cfr. nota 260.
[264] Cfr. *supra*, número 10.
[265] Cfr. *supra*, número 11.1.
[266] Cfr. *supra*, número 12.1.
[267] Com diferentes entendimentos sobre o sentido da segunda parte do preceito, que há-de ser lida em conjugação com o disposto no art. 390º, nº 4, cfr. M. NOGUEIRA SERENS, *Notas...*, *cit.*, p. 55 s., JOÃO LABAREDA, "Da designação das pessoas colectivas para órgãos sociais" in: *Direito societário português – Algumas questões*, Lisboa, 1998, p. 9 s., e PAULO OLAVO CUNHA, "Designação de pessoas colectivas para os órgãos de sociedades anónimas e por quotas", *Direito da Sociedades em Revista*, 2009, vol. I, p. 165 s.

trato de sociedade, mas não inferior a 5 000 euros [até à promulgação do Decreto-Lei nº 343/98, de 6 de Novembro, este montante mínimo estava fixado em 500 000$].

2. A caução pode ser substituída por um contrato de seguro, a favor da sociedade, cujos encargos não podem ser suportados por esta, salvo na parte em que a indemnização exceda o mínimo fixado no número anterior.

3. Excepto nas sociedades com subscrição pública, a caução pode ser dispensada por deliberação da assembleia geral ou constitutiva que eleja o conselho de administração ou um administrador e ainda quando a designação tenha sido feita no contrato de sociedade, por disposição deste.

4. A responsabilidade deve ser caucionada nos 30 dias seguintes à designação ou eleição e a caução deve manter-se até ao fim do ano civil seguinte àquele em que o administrador cesse as suas funções por qualquer causa, sob pena de cessação imediata de funções."[268]

a) Comparemos o nº 1 com o (revogado) art. 174º do Código Comercial. Por um lado, manteve-se a possibilidade de a caução ser constituída em outros valores que não apenas em acções da própria sociedade. O que não significava, note-se, que essa "forma de caução" não pudesse ser imposta pelo contrato de sociedade[269]. E o mesmo se diga, aliás, quanto às outras "formas [de caução] admitidas na lei" (art. 396º, nº 1), e que são as referidas no art. 623º, nº 1 do Código Civil (depósito de dinheiro, títulos de crédito, pedras ou metais preciosos, penhor, hipoteca ou fiança bancária)[270], e também quanto àquela outra adrede instituída (art. 396º, nº 2), e que é o seguro-caução (mais especificamente, *D&O Insurance*,

---

[268] Como se lia no art. 433º, nº 2, "à caução a prestar pelos directores aplica-se o disposto no artigo 396º, mas a dispensa de caução compete ao conselho geral".
A redacção do preceito é hoje ligeiramente diferente: o termo "directores" foi substituído por "administradores", tendo-se também aditado a expressão "e de supervisão" à expressão "conselho geral". Estas alterações, introduzidas pelo art. 2º do Decreto-Lei nº 76-A/2006, de 29 de Março, resultaram da nova nomenclatura do modelo de *governance* dito "germânico" (art. 278º, nº 1, alínea *c*)): o (antigo) conselho geral (arts. 434º a 445º) passou a designar-se conselho geral e de supervisão (arts. 434º a 445º) e a (antiga) direcção (arts. 424º a 433º) tomou o nome de conselho de administração executivo (arts. 424º a 433º; aos membros deste último órgão, a lei chama, porém, simplesmente administradores...).

[269] Lembre-se aqui o disposto no nº 1 do art. 325º: "As acções próprias que uma sociedade receba em penhor ou caução são contadas para o limite estabelecido no artigo 317º, número 2, *exceptuadas aquelas que se destinarem a caucionar responsabilidades pelo exercício de cargos sociais*".

[270] Apontando a sinonímia "caução [art. 396º] = garantia [arts. 623º, nº 1, e 624º, nº 1, do Código Civil]", *vide* J. CALVÃO DA SILVA, "Corporate governance", *Revista de Legislação e Jurisprudência* 136º ano (2006), nº 3940, p. 58.

na terminologia anglo-americana[271]). Ou seja, o contrato de sociedade podia eleger alguma ou algumas dessas "formas de caução", em detrimento das demais; consequentemente, só no silêncio do contrato e – não nos custa admiti-lo – também no silêncio da deliberação que elegesse os administradores, é que estes seriam livres de escolher a "forma de caução" que lhes aprouvesse (dentro, é claro, daquelas que o legislador concebera possíveis: art. 623º, nº 1, do Código Civil e art. 396º, nº 2).

No cotejo entre o nº 1 do art. 396º e o art. 174º do Código Comercial sobressai, por outro lado, uma diferença deveras significativa. Afastando-se da sua "fonte de inspiração" (falamos do art. 2387 do *Codice Civile*[272]), aquele primeiro preceito não indexou, digamos, o valor da caução (de cada um dos administradores) ao montante do capital da respectiva sociedade, permitindo-se depois que lhe fosse fixado um limite máximo[273]; porém, também repudiou o *laxismo* que caracterizava o regime do art. 174º – que era igualmente apanágio do direito francês (Lei de 24 de Julho de 1867 e Lei de 24 de Julho de 1966) –, ou seja, não deixou na livre disponibilidade dos sócios a determinação do montante de caução (de cada um dos administradores), vindo a fixar-lhe o valor mínimo de 500 000$, de que o contrato de sociedade não podia abrir mão, sem prejuízo, é claro, de o poder aumentar[274] (com a promulgação do Decreto-Lei nº 343/98, de 6 de Novembro, e como já antes deixámos referido, esse valor mínimo foi fixado em € 5 000).

---

[271] Sobre o seguro-caução em geral, cfr. M. Júlio de Almeida Costa, "Anotação ao Acórdão do STJ, de 28 de Setembro de 1995", *Revista de Legislação e Jurisprudência* 129º ano (1996-1997), nº 3862, p. 19 s., e nº 3863, p. 61 s., e acórdão do STJ, de 11 de Março de 1999, *CJ* (ASTJ), 1999, tomo I, p. 157 s.; sobre o *D&O Insurance*, vide, entre nós, J. M. Coutinho de Abreu/M. Elisabete Ramos, "Responsabilidade civil de administradores e de sócios controladores", in: *IDET-Miscelâneas*, nº 3, Almedina, Coimbra, 2004, p. 38 s., Pedro Pais de Vasconcelos, "D&O Insurance: O seguro de responsabilidade civil dos administradores e outros dirigentes da sociedade anónima", in: *Estudos em Homenagem ao Professor Doutor Inocêncio Galvão Telles*, Almedina, Coimbra, 2007, p. 1154 s., e Gabriela Figueiredo Dias, *Fiscalização de sociedades e responsabilidade civil*, Coimbra Editora, Coimbra, 2006, p. 106 s., ID., "A fiscalização societária redesenhada: Independência, exclusão de responsabilidade e caução obrigatória", in: *IDET-Colóquios*, nº 3, *Reformas do Código das Sociedades Comerciais*, Almedina, Coimbra, 2007, p. 319 s. e, com tratamento mais abundante e circunstanciado, M. Elisabete Ramos, *O seguro de responsabilidade civil dos administradores (entre a exposição ao risco e a delimitação da cobertura)*, Almedina, Coimbra, 2010, p. 241 s. (nos Autores citados abundam as referências bibliográficas).

[272] Cfr. *supra*, número 9.

[273] Cfr. *supra*, número 8.2.

[274] Cfr. Raúl Ventura, "Nota sobre a caução...", *cit.*, p. 201-202.

b) E que dizer acerca da solução de ambos os preceitos no que respeita à obrigatoriedade de prestação de caução?

O art. 174º não deixava quaisquer dúvidas: essa obrigatoriedade impunha-se sem quebra (nos dizeres do próprio preceito: "os directores caucionarão *sempre* a sua gerência"). À primeira vista, pareceria não ser diferente a solução, no quadro do art. 396º, dado o teor do seu nº 1: "a responsabilidade de cada administrador *deve* ser caucionada". Seria realmente assim?

Ao formularmos este quesito, temos em vista duas situações: (*i*) a de ser o próprio contrato de sociedade a dispensar a prestação de caução em termos gerais e abstractos, é dizer, a todas e quaisquer pessoas que viessem a exercer o cargo de administrador, e (*ii*) a de a dispensa de caução, não obstante não estar expressamente prevista no contrato de sociedade, vir a ser concedida pela deliberação da assembleia geral ou constitutiva que elegesse os administradores (art. 391º, nº 1, segunda parte) ou, ocorrendo a designação destes no próprio contrato de sociedade (art. 391º, nº 1, primeira parte), por disposição deste[275], sendo que, em ambos os casos, a dispensa de caução só valeria para esses concretos administradores (pense-se, por exemplo, na hipótese de serem todos accionistas-empresários, titulares, pois, de participações sociais de monta). Olhando para o nº 3 do art. 396º, que importava conjugar com o nº 1, parece-nos que a única situação nele contemplada era a segunda que foi referida[276]. E isto, é claro, apenas nas sociedades *sem* subscrição pública; consequentemente, nas sociedades *com* subscrição pública[277], para além de não se poder admitir que o respectivo contrato de sociedade dispensasse, em termos gerais e abstractos, os administradores da prestação de caução (em qualquer das suas "formas" possíveis), também lhes estava vedado lograr este último desiderato, digamos, *ad hoc*.

---

[275] Sobre a dispensa de caução nas sociedades com o modelo de *governance* dito germânico, *vide* art. 433º, nº 2 (cfr. também *supra*, nota 268).

[276] Propendendo para esse mesmo entendimento, cfr. Paulo Olavo Cunha, *Direito das sociedades comerciais*, 4ª ed., Almedina, Coimbra, 2010, p. 776, nota 1014, e M. Elisabete Ramos, "Administradores de sociedades anónimas e o dever legal de garantir a responsabilidade", *Direito das sociedades em revista*, ano 3, vol. 5, p. 70.

[277] Cabe aqui lembrar o (antigo) texto do art. 284º: "1. Salvo quando da lei resulte o contrário, a expressão 'sociedade com subscrição pública' compreende as sociedades constituídas com apelo a subscrição pública, as que, num aumento de capital, tenham recorrido a subscrição pública e as sociedades cujas acções sejam cotadas em Bolsa./2. A subscrição é pública, embora seja indirectamente efectuada por meio de instituição de crédito ou outra equiparada por lei para este efeito".
Este artigo foi revogado pelo art. 15º, nº 1, alínea *d*), do Decreto-Lei nº 486/99, de 13 de Novembro, que aprovou o actual Código dos Valores Mobiliários; o art. 13º deste Código introduziu o conceito de "sociedade com o capital aberto ao investimento público" (abreviadamente, "sociedade aberta").

Essa diferença, que decorria do art. 396º, nº 3[278], entre sociedades sem subscrição pública e sociedades com subscrição pública, significando que se permitia às primeiras, ainda que nos termos limitados que foram referidos, a dispensa de caução, e se proibia às segundas que fizessem outro tanto, parece-nos dogmaticamente abstrusa. Bem sabemos que o direito societário tem vindo a transformar-se (perdõe-se-nos a rudeza da linguagem) na "prostituta" do (novel) direito do *mercado* dos valores mobiliários. Mas há limites! Queremos nós com isto dizer que, proibindo a dispensa de caução nas sociedades com subscrição pública, inculcava-se a ideia de que na origem da sua exigência (entenda-se, da exigência de caução – que começou por ser, lembre-se, apenas uma forma de impedir que os administradores fossem somente gestores do dinheiro dos outros) estava a tutela, não apenas da sociedade, mas também dos sócios, dos credores sociais e dos terceiros (sobre a responsabilidade dos administradores para com a sociedade e para com estas várias categorias de sujeitos, *vide* arts. 72º, 78º e 79º). *Mas porquê do monstro janicéfalo as duas faces?*

Deixemos de lado os accionistas. E pensemos apenas nos credores sociais e nos terceiros. Não merecerão uns e outros a mesma *garantia*, independentemente de os danos lhes serem causados pelos administradores de uma sociedade com subscrição pública ou de uma sociedade com subscrição particular?

Para nós, a resposta é óbvia, e é sim. Talvez se objecte que, respondendo deste modo, estamos a ignorar que as sociedades com subscrição pública constituíam, via de regra, os titulares das empresas de maior dimensão e, por conseguinte,

---

[278] Mas que era *ignorada* no nº 2 do mesmo artigo, do qual decorria que, sendo a caução substituída por um contrato de seguro, essa caução seria sempre a favor da sociedade, ou seja, seria a favor da sociedade – e só dela – mesmo quando não se lhe permitia que a dispensasse...
A propósito do art. 396º, nº 2, uma nota mais: a fixação, no contrato de sociedade, de uma caução de montante superior ao mínimo legal significava, obviamente, que se quisera *reforçar* a garantia àquela inerente; permitindo-se depois que essa caução fosse "substituída por um contrato de seguro a favor da sociedade", sendo esta a suportar os encargos *na parte em que a indemnização excedesse o valor legal mínimo da caução*, tínhamos a sociedade, em maior ou menor medida (tudo dependeria do montante de caução contratualmente imposto...), *garante de si mesma* (sobre os novos "pecadilhos" do art. 396º, nº 2, cfr. *infra*, nota 287).
Diferente é a questão, de que aqui não cuidaremos – aludindo-lhe, cfr. J. M. COUTINHO DE ABREU/ /M. ELISABETE RAMOS, "Responsabilidade civil...", *cit.*, p. 39 s., e P. PAIS DE VASCONCELOS, "D&O Insurance...", *cit.*, p. 1161; mais desenvolvidamente, e com múltiplas referências doutrinais, cfr. M. ELISABETE RAMOS, *ob. cit*, p. 338 s. –, sobre os possíveis efeitos do recurso ao *D&O Insurance* sobre a conduta (que se quer *zelosa* e *leal*) dos próprios administradores: Será que, continuando a dizer-se respons(abiliz)áveis, não passarão a comportar-se (no exercício das suas funções, já se vê) como se efectivamente não tivessem responsabilidade, mormente quando o *grosso* dos encargos com o seguro lhes não saia do bolso?

eram aquelas em que as funções dos administradores apresentavam, para as duas referidas categorias de sujeitos, *maior potencialidade danosa*, digamos assim.

Não se (nos) afigura difícil responder a essa (eventual) objecção, mormente se se atentar no sector industrial. Sempre existiram, nesse sector, sociedades de média e, até, de grande dimensão, sem a referida característica, com vários estabelecimentos, nas quais as funções dos administradores encerram, relativamente às duas apontadas categorias de sujeitos, e para dizer como há pouco, elevada potencialidade danosa. Pense-se, por exemplo, em situações como as de *wrongful trading* e/ou insolvência dolosa, descargas poluentes, colocação no mercado de produtos defeituosos, espionagem industrial. Passaremos adiante. O que não significa, note-se, que dêmos por definitivamente encerrada a discussão sobre este ponto. E o motivo é simples. O art. 396º, nº 3, na sua actual redacção, continua a permitir que a obrigação de os administradores prestarem caução seja arredada numas sociedades, e já não em outras: os critérios adoptados para as diferenciar é que constituem novidade.

A par desta ressalva, impõe-se dar aqui conta de uma razão de ordem; como antes dissemos, esta nossa análise do art. 396º desenvolve-se em dois momentos: no primeiro, tendo em conta a sua redacção originária e, no segundo, a redacção que hoje apresenta (introduzida pelo art. 2º do Decreto-Lei nº 76-A/2006, de 29 de Março). Todavia, em relação ao nº 4, não se justifica que façamos assim, por isso que o seu texto não sofreu qualquer alteração. Ocupar-nos-emos dele, pois, de uma só vez, e que será a seguir à análise dos nºs 1, 2 e 3, à luz da redacção que é hoje a sua.

13.2. As alterações introduzidas nos números 1, 2 e 3 do art. 396º pelo Decreto-Lei nº 76-A/2006, de 29 de Março

Recordemos, antes de mais, essa redacção:

> "1. A responsabilidade de cada administrador deve ser caucionada por alguma das formas admitidas na lei, na importância que seja fixada no contrato, não podendo ser inferior a € 250 000 para as sociedades emitentes de valores mobiliários admitidos à negociação em mercado regulamentada nem para as sociedades que cumpram os critérios da alínea *a*) do número 2 do artigo 413º e a € 50 000 para as restantes sociedades.
>
> 2. A caução pode ser substituída por um contrato de seguro, a favor dos titulares de indemnizações, cujos encargos não podem ser suportados pela sociedade, salvo na parte em que a indemnização exceda o mínimo fixado no número anterior.
>
> 3. Excepto nas sociedades emitentes de valores mobiliários admitidos à negociação em mercado regulamentado e nas sociedades que cumpram os

critérios da alínea *a*) do número 2 do artigo 413º, a caução pode ser dispensada por deliberação da assembleia geral ou constitutiva que eleja o conselho de administração ou um administrador e ainda quando a designação tenha sido feita no contrato de sociedade, por disposição deste.

4. [Manteve a redacção originária[279]]."

Tendo antes[280] cotejado o art. 396º, na sua redacção originária, com o art. 174º do Código Comercial, o cotejo que agora importa fazer é entre aquela (antiga) redacção do art. 396º e a que é hoje a sua, e da qual acabámos de dar conta.

a) Comecemos pelo nº 1. Manteve-se a anterior opção de fixar um montante mínimo à caução, deixando-se, pois, aos sócios a liberdade de lhe fixarem (no contrato de sociedade, note-se) um montante superior[281]; todavia, esse montante mínimo (originariamente: 500 000$; depois do Decreto-Lei nº 343/98, de 6 de Novembro: € 5 000), que antes era comum a todas as sociedades, varia hoje consoante estas sejam "sociedades emitentes de valores mobiliários admitidos à negociação em mercado regulamentado" ("sociedades abertas") e "sociedades que cumpram os critérios da alinea *a*) do número 2 do artigo 413º" ("grandes sociedades anónimas"), por um lado, ou sociedades que não se enquadrem em tais categorias, por outro lado. À distinção entre sociedades com subscrição pública e sociedades com subscrição particular, a que já antes se recorria, mas que apenas relevava para efeitos de (in)dispensabilidade de prestação de caução, sucedeu, pois, aquela outra, a que o legislador recorreu, agora, também para diferenciar o montante mínimo da caução dos respectivos administradores. Nas duas primeiras categorias de sociedades: € 250 000; nas restantes: € 50 000 (um montante dez vezes superior ao que antes valia para todas as sociedades anónimas, e que é – pasme-se! – igual ao "valor nominal mínimo do capital": art. 276º, nº 3)[282].

Continuando a olhar para o nº 1 do art. 396º, na sua actual redacção, vemos que não houve qualquer alteração no que respeita às "formas de caução" admitidas[283]. Por outro lado, a actual redacção do nº 2, não obstante as novidades que

---

[279] Cfr. *supra*, número 13.1.
[280] Cfr. *supra*, números 13.1., alínea a) e 13.1., alínea b).
[281] Cfr. *supra*, número 13.1., alínea a).
[282] O contrato de sociedade, para além de fixar montantes de caução mais elevados, pode, nesse quadro, estabelecer diferenças entre os vários administradores, exigindo a uns uma caução de montante mais elevado que a outros, tendo em conta, é claro, as atribuições que, em concreto, lhes caibam.
[283] Cfr. *supra*, número 13.1., alínea a).

apresenta, e das quais falaremos já a seguir, continua a prever expressamente que a caução possa ser *substituída* por um contrato de seguro. A liberdade, que assim se manteve, de os administradores escolherem, de entre várias "formas de caução", aquela que lhes aprouver, só se afirmará – já antes o dissemos[284] – no silêncio do contrato de sociedade e, não nos repugna admiti-lo, no silêncio da deliberação que os eleja; por outras palavras, o contrato de sociedade pode eleger alguma ou algumas das "formas de caução" das que o legislador concebeu admissíveis, em detrimento das demais, e, caso o não haja feito, não custa admitir que a assembleia geral que eleja os administradores tenha competência para o fazer.

Na sua redacção originária, o nº 2 do art. 396º referia que, sendo a caução "substituída" por um contrato de seguro, este seria *a favor da sociedade*. Donde se inferia que o beneficiário da garantia, inerente à caução, era a sociedade, e só ela[285]. Esta inferência era, porém, contrariada pela proibição de dispensa de caução nas sociedades com subscrição pública (art. 396º, nº 3) – essa proibição só poderia significar que a caução tinha outros beneficiários directos que não apenas a sociedade[286], sendo que a eles não aproveitaria o contrato de seguro que "substituía" a caução... Esta contradição foi sanada com a nova redacção do nº 2 do art. 396º: agora, se a caução for "substituída por contrato de seguro", este há-de ser *a favor dos titulares de indemnizações*", entre quais se contam, para além, é claro, da própria sociedade (art. 72º), os credores sociais (art. 78º), os sócios e os terceiros (art. 79º)[287]. Todavia, para sanar a referida contra-

---

[284] Cfr. *supra*, número 13.1., alínea a).

[285] Neste sentido, cfr., ILÍDIO DUARTE RODRIGUES, *A administração de sociedades por quotas e sociedades amnónimas – Organização e estatuto dos administradores*, Petrony, Lisboa, 1990, p. 201, e J. M. COUTINHO DE ABREU/M. ELISABETE RAMOS, "Responsabilidade civil dos administradores e dos sócios controladores", in: *Miscelâneas*, nº 3, IDET/Almedina, Coimbra, 2004, p. 37.

[286] Defendendo esse alargamento, cfr. PAULO CÂMARA, "O governo das sociedades e a reforma do Código das Sociedades Comerciais", in: *Código das Sociedades Comerciais e governo das sociedades*, Almedina, Coimbra, p. 54-55, nota 106.

[287] Continua, porém, a permitir-se que os encargos com o contrato de seguro sejam suportados pela sociedade na parte em que a indemnização exceda o montante mínimo de caução (€ 250 000 nas "sociedades emitentes de valores mobiliários admitidos à negociação em mercado regulamentado" e nas "sociedades que cumpram os critérios da alínea *a*) do número 2 do art. 413º"; € 50 000 – o valor do capital social mínimo! – nas demais sociedades). Antes, ou seja, na vigência da primitiva redação do art. 396º, nº 2, impunha-se que o contrato de seguro fosse celebrado a favor da sociedade, permtindo-se, do mesmo passo, que os respectivos encargos, na parte em que a indemnização excedesse o montante legal mínimo de caução, fossem suportados pela própria sociedade; e, consequentemente, admitia-se que esta fosse, em maior ou menor medida – na medida da *diferença* entre o montante da caução contratualmente exigido e o montante legal mínimo –, *garante de si*

dição, o legislador criou uma outra, digamos, *simétrica*: se, no caso de a caução ser "substituída por um contrato de seguro", este é (obrigatoriamente) "a favor dos titulares de indemnizações", tal só pode significar que os beneficiários directos da garantia, inerente à caução, são também outras categorias de sujeitos, e já não apenas a sociedade, o que devia, por nexo lógico infrangível, obstar a que esta tivesse legitimidade para dispensar a prestação de caução. Ora, não é isso que acontece: a dispensa de caução continua a ser permitida em determinadas sociedades anónimas, que são, nos actuais dizeres do nº 3 do art. 396º, as que *não* caibam na categoria das "sociedades emitentes de valores mobiliários admitidos à negociação em mercado regulamentado" e as que *não* "cumpram os critérios da alínea *a*) do número 2 do artigo 413º".

b) Vistos o nºs 1 e 2 do art. 396º, à luz da redacção que é hoje a sua, vem agora a propósito, até pela referência que acabámos de lhe fazer, dirigir o olhar para o nº 3. Seremos breves, brevíssimos, mesmo. E a razão é simples: a alteração que o preceito sofreu não lhe alterou, digamos, a *natureza*. Consequentemente, o que antes dissemos, falando da sua redacção originária, não ficou prejudicado. Ou seja, continuamos a entender que a *diferenciação* entre sociedades anónimas – que antes se fazia recorrendo à distinção entre sociedades com subscrição pública e sociedades com subscrição particular, e que hoje é feita entre, por um lado, "sociedades emitentes de valores mobiliários admitidos à negociação em mercado regulamentado" e "sociedades que cumpram os critérios da alínea *a*) do número 2 do artigo 413º" e, por outro lado, sociedades que não caibam nessas duas categorias –, deixando-se a umas a possibilidade de desonerarem os seus administradores da obrigação de prestarem caução e negando-se a outras essa mesma possibilidade, carece de rigor dogmático. Dogmática à parte, saúde-se o novo critério, ao qual se recorre para basear a aludida diferenciação: a proibição de dispensa de caução abrange agora todas as sociedades anónimas de maior porte (art. 413º, nº 2, alínea *a*)), e não apenas aquelas relativamente às quais o direito societário *genuflecte* perante o direito do *mercado* dos valores mobiliários.

No que respeita mais directamente à interpretação do art. 396º, nº 3, na sua actual redacção, nada há a acrescentar ao que antes dissemos, referindo-nos à sua

---

mesma (cfr. *supra,* nota 277). Agora (*scilicet:* à luz da actual redacção do art. 396º, nº 2), devendo o contrato de seguro ser celebrado "a favor dos titulares de indemnizações", e continuando a admitir-se que os respectivos encargos sejam suportados pela sociedade, na parte em que a indemnização exceda o montante legal mínimo de caução, para além de podermos ter a sociedade como garante de si mesma, *podê-la-emos ter como garante de quem era suposto ser garantido pelos próprios administradores*!

redacção primigénia[288]. Em síntese: a dispensa de caução (nas sociedades em que ela é permitida, é claro), sob pena de violação do nº 1 do art. 396º, não pode ser consagrada, em termos gerais e abstractos (*scilicet*: relativamente a quaisquer pessoas que viessem a exercer o cargo de administrador), no contrato de sociedade; essa dispensa pode vir a ser concedida, sim, pela própria deliberação da assembleia geral ou constitutiva que eleja os administradores ou, ocorrendo a sua designação no próprio contrato de sociedade, por disposição deste, sendo que, em ambos os casos, a dispensa de caução só valerá para esses concretos administradores.

Uma palavra final sobre o actual nº 3 do art. 396º (que, de resto, vale também para o antigo): concorde-se ou não com a *diferenciação* que nele é feita, a verdade é que, sob pena de cometimento de erro metodológico indesculpável, impõe-se que dela não se abstraia quando se cuida da determinação da sanção que a falta de prestação de caução acarreta.

13.3. O prazo durante o qual os administradores hão-de prestar caução e a sanção para o não cumprimento dessa obrigação: art. 396º, nº 4

E chegamos assim ao "coração" do art. 396º: o seu nº 4, cujo texto – que, já várias vezes o dissemos, não sofreu qualquer alteração – lembraremos de novo aqui:

"A responsabilidade deve ser caucionada nos 30 dias seguintes à designação ou eleição e a caução deve manter-se até ao fim do ano civil seguinte àquele em que o administrador cesse as suas funções por qualquer causa, sob pena de cessação imediata de funções."

O preceito trata – *tant bien que mal* – alguns dos aspectos mais tormentosos do regime da caução dos administradores, e dos quais fomos dando conta ao longo deste nosso trabalho.

a) Do seu modelo – o art. 2387 do *Codice Civile*, já o sabemos – copiou-se o prazo durante o qual os administradores hão-de prestar a respectiva caução. Esse prazo é de trinta dias; todavia, entre nós, o seu início reporta-se à data da designação (art. 391º, nº 1, primeira parte) ou da eleição (art. 391º, nº 1, segunda parte) dos administradores, ao passo que o art. 2387 do *Codice Civile* optava pela data em que os administradores tivessem tido "notizia della nomina" (*il va sans dire* que o referido prazo só releva – pensamos agora, note-se, exclusivamente no nosso direito, pois, e como já sabemos, o art. 2387 do *Codice Civile* foi há muito

---

[288] Cfr. *supra*, número 13.1., alínea b).

revogado – se as pessoas designadas ou eleitas administradores decidirem aceitar o cargo: art. 391º, nº 5).

Mais significativa era a diferença entre os dois preceitos no que respeita à determinação do período de duração da caução. A última alínea do art. 2387 do *Codice Civile*, codificando o uso que se generalizara na vigência do art. 123 do *Codice di Commercio*, permitia que aquela fosse restituída logo após a aprovação do balanço relativo ao último exercício no qual o administrador execera o cargo[289]. O nº 4 do art. 396º afastou-se – e bem – dessa solução. Mas, ainda assim, não o podemos aplaudir. E, a seu tempo – que não demorará muito –, diremos porquê.

Conhecemos os termos do problema no nosso direito antigo. O art. 174º do Código Comercial não referia expressamente o momento em que a caução podia ser restituída ou, dizendo de outra forma, não determinava o tempo da sua duração. Porém, essa determinação alcançava-se sem custo, recorrendo à norma do art. 190º e, se fosse caso disso, à do art. 150º – tudo nos termos que foram devidamente explicados[290]. Com a promulgação do Decreto-Lei nº 49 381, de 15 de Novembro de 1969, ambas essas normas deixaram de interessar; em vez delas, importavam as dos nºs 2, 3 e 4 do art. 19º daquele diploma.

Analisando esses preceitos, concluímos, em síntese, o seguinte: *i*) quando "a deliberação pela qual a assembleia geral aprovava a gestão dos administradores" *liberasse* estes da sua responsabilidade para com a sociedade – e, para que fosse assim, seria mister que os factos constitutivos de responsabilidade houvessem sido expressamente levados ao conhecimento da assembleia antes da aprovação da gestão, exigindo-se, outrossim, que a referida deliberação, em cuja votação os administradores estavam impedidos de participar, não tivesse tido voto contrário de uma minoria de accionistas que representasse pelo menos a décima parte do capital social (art. 19º, nº 3, e, por força deste, art. 19º, nº 2) –, se a aprovação da gestão, digamos agora assim, tivesse efeitos liberatórios, os administradores, cujo mandato não se prolongasse para além do exercício em causa, poderiam proceder de imediato ao levantamento da respectiva caução; *ii*) diversamente, ou seja, falecendo alguma das condições indispensáveis para que, "a deliberação pela qual a assembleia geral aprovava a gestão dos administradores" tivesse efeitos liberatórios (*scilicet*: funcionasse como *quitus*) – e deixando de lado a hipótese de a sociedade vir posteriormente a renunciar ao seu direito de indemnização, nos termos do art. 19º, nº 2 –, o prazo de prescrição da responsabilidade dos administradores para com a sociedade seria de cinco anos,

---

[289] Cfr. *supra*, números 8.4. e 7.3., alínea b).
[290] Cfr. *supra*, número 12.2., alínea d).

sendo, porém, duvidoso, pelo menos em relação aos administradores cujo mandato não se prolongara para além do exercício a que a gestão aprovada respeitava, se o refrido prazo se contava sempre a partir da data dessa aprovação ou se importava também atender, se fosse esse o caso, é claro, às circunstâncias referidas na parte final do art. 19º, nº 4[291] – fosse como fosse, nesta outra hipótese, os ex-administradores (independentemente da causa por que tinham cessado funções) só poderiam proceder ao levantamento da respectiva caução, decorrido que fosse o prazo de prescrição da responsabilidade em que houvessem incorrido, relativamente à própria sociedade.

Pois bem. O art. 74º, nº 3[292], reproduz, com diferenças de pormenor, o art. 19º, nº 3, do Decreto-Lei nº 49 381. E o art. 74º, nº 2[293], faz outro tanto relativamente ao art. 19º, nº 2, do mesmo diploma. Por outro lado, também não cabe dúvida de que a norma do art. 174º, nº 1, alínea b)[294], que estatui sobre a prescrição dos direitos da sociedade contra os administradores, não difere da do art. 19º, nº 4, do referido Decreto-Lei.

Havendo essa similitude do quadro normativo, relevante para a solução do problema da determinação do tempo de duração da caução, impunha-se que essa solução se tivesse mantido inalterada, ou seja, e em resumo, que não se permitisse o levantamento da caução pelos ex-administradores enquanto a sociedade pudesse lançar mão da acção de responsabilidade contra eles. Estranhamente – mas apenas para quem não conheça a resistência que os "meios interessados" sempre fizeram ao prolongamento da duração da caução[295] –, o art. 396º, nº 4, não foi por aí (e cremos, até, que, não tendo ido por aí, deu azo a uma *antinomia...*). Com efeito, e como nele se lê, "*a caução deve manter-se até ao fim do ano civil seguinte àquele em que o administrador cesse as suas funções por qualquer causa*". O desígnio, por-

---

[291] Cfr. *supra*, nota 262.
[292] "A deliberação pela qual a assembleia geral aprove as contas ou a gestão dos gerentes ou administradores não implica renúncia aos direitos de indemnização da sociedade contra estes, salvo se os factos constitutivos de responsabilidade houverem sido expressamente levados ao conhecimento dos sócios antes da aprovação e esta tiver obedecido aos requisitos de voto exigidos pelo número anterior".
[293] "A sociedade só pode renunciar ao seu direito de indemnização ou transigir sobre ele mediante deliberação expressa dos sócios, sem voto contrário de uma minoria de accionistas que represente pelo menos 10% do capital social; os possíveis responsáveis não podem votar nessa deliberação".
[294] "Os direitos da sociedade contra (...) os administradores (...) prescrevem no prazo de cinco anos, contados a partir (...) do termo da conduta dolosa ou culposa (...) do administrador ou da sua revelação, se aquela houver sido ocultada, e a produção do dano, sem necessidade de que este se tenha integralmente verificado, relativamente à obrigação de indemnizar a sociedade".
[295] Cfr. *supra*, números 5.4., 6.2., alínea d), 7.3., alínea b) e 8.4.

ventura frustrado, deste segmento da norma (lembre-se que não é líquido que não haja antinomia entre ele e os arts. 72º, nº 3, e 174º, nº 1, alínea *b*)) é a determinação do tempo de duração da caução; por conseguinte, a sua leitura não pode fazer-se em ligação com a expressão (que se refere, obviamente, à sanção para a falta de prestação de caução) "sob pena de cessação imediata de funções", constante da parte final do preceito, a qual expressão, por isso mesmo, só pode ser lida como complemento da que consta no início daquele: "A responsabilidade deve ser caucionada nos 30 dias seguintes à designação ou eleição". A única leitura possível do preceito é, pois, a seguinte: *i*) "A responsabilidade dos administradores deve ser caucionada nos 30 dias seguintes à designação ou eleição, sob pena de cessação imediata de funções"; *ii*) "a caução deve manter-se até ao fim do ano civil seguinte àquele em que o administrador cesse as suas funções por qualquer causa".

Dizendo-se que "a caução deve manter-se até ao fim do ano civil seguinte àquele em que o administrador cesse as suas funções *por qualquer causa*", tal só pode significar que, para o efeito, é indiferente que a cessação das funções ocorra em consequência *i*) do decurso do mandato para o qual os administradores foram eleitos, verificando-se a eleição de outros (art. 391º, nºs 3 e 4), *ii*) de destituição com ou sem justa causa (art. 403º), *iii*) de incapacidade ou incompatibilidade superveniente (art. 401º) ou *iv*) de renúncia (art. 404º).

b) Como ainda há pouco se referiu, o art. 396º, nº 4, *in fine*, estatui sobre a sanção para a falta de prestação de caução, nos trinta dias seguintes à designação ou eleição dos administradores: a "cessação imediata das funções" é essa sanção.

O legislador fez uso de uma expressão que julgou corresponder e, neste sentido, traduzir a que constava do art. 2387, segunda alínea, do *Codice Civile* – nunca será de mais lembrar que, falando desse artigo, falamos do *modelo* do nosso art. 396º, mormente do seu nº 4 –, e que era "decadono dall'ufficio". Curiosamente, a esta mesma expressão, que ainda hoje consta do art. 2404, segunda alínea[296], e do art. 2405, segunda alínea[297], do *Codice Civile*, fez-se corresponder (foi traduzida, *hoc sensu*), no art. 422º, nº 4, esta outra: "Perdem o seu cargo"[298].

---

[296] "Il sindaco che, senza giustificato motivo, non partecipa durante un esercizio sociale a due reunioni del collegio *decade dall'ufficio*".

[297] "I sindaci che non assistono senza giustificato motivo alle assemblee o, durante un esercizio sociale, a due adunanze del consiglio di amministracione, *decadono dall'ufficio*."

[298] O texto integral do referido preceito reza assim: "*Perdem o seu cargo* o fiscal único, o revisor oficial de conta e os membros do conselho fiscal que, sem motivo justificado, não assistam, durante o exercício social, a duas reuniões do conselho ou não compareçam a uma assembleia geral ou a duas reuniões da administração previstas na alínea *a*) do número 1 deste artigo".

A dissensão, que vimos ter existido na doutrina italiana, sobre o sentido dogmático da expressão "decadono dall'ufficio", no quadro do art. 2387 do *Codice Civile*, subsiste hoje, e de forma ainda mais vincada, no quadro das referidas alíneas dos arts. 2404 e 2405. Confrontam-se duas orientações: *i)* os efeitos da "decadenza", a que ambos os preceitos se referem, produzem-se *ipso iure*, em consequência da simples verificação das situações enunciadas (a falta, sem motivo justificado, dos membros do "collegio sindicale" a duas reuniões deste órgão da sociedade, durante um exercício social; a falta, sem motivo justificado dos membros do "collegio sindicale" às reuniões da assembleia geral ou a falta, durante um exercício social, dos membros do "collegio sindicale" a duas reuniões do conselho de administração[299]); *ii)* a "decadenza dall'ufficio", pressupondo a verificação das situações enunciadas, não se basta com isso, sendo mister, ademais, que "la società sia chiamata ad accertare e dichiarare in qualche modo l'estinzione del rapporto, adottando i provvedimenti conseguenti"[300].

No quadro da primeira destas orientações, não falta, porém, quem defenda a indispensabilidade de um *accertamento* por parte da sociedade (através, é claro, de um dos seus órgãos, discutindo-se se há-de ser a própria assembleia geral ou se pode ser o "collegio sindicale" ou o conselho de administração) da "decadenza dei sindaci" incursos nesta mesma sanção, pois sem esse *accertamento* não será possível, desde logo, pôr em movimento o mecanismo da sua substituição (art. 2401 do *Codice Civile*; entre nós, art. 415º, nº 3); em qualquer caso, esse mesmo *accertamento* terá efeitos declarativos e, por conseguinte, a "perda do cargo" reporta-se à data em que a sua respectiva causa passou a estar presente ("situazione questa, che lascia perplessi, potendo comportare per la società risultati ancor più negativi di quelli legati alla provvisoria presenza di uno o più componenti in posizione irregolare"[301]). No quadro da segunda orientação – que recusa, recorde-se, a *automaticidade* da "decadenza dall'ufficio" dos membros do "collegio sindicale", nas situações referidas –, o *accertamento* por parte da sociedade,

---

[299] Na jurisprudência, essa é a orientação largamente dominante: cfr. as decisões referidas por F. GALGANO, *La società per azioni*, in: *Trattato di diritto commerciale e di diritto pubblico dell'economia* (diretto da Francesco Galgano), 2ª ed., Padova, 1988, p. 309, nota 1, e por G. CAVALLI, *I sindaci*, in: *Trattato delle società per azioni* (direto de G. E. Colombo e G. B. Portale), Torino, 1992, p. 62, nota 74; na doutrina, para além de F. GALGANO, *ob. cit.*, *loc. cit.*, *vide*, por exemplo, G. U. TEDESCHI, *Il collegio sindicale*, in: *Commentario del Codice Civile* (coordinato da P. Schlesinger), 1992, p. 248 s.

[300] Assim, G. CAVALLI, *ob. cit.*, p. 62; antes dele, no mesmo sentido, cfr., por exemplo, G. ROSSI, "Revoca e decadenza dei sindaci di società per azioni", *Rivista di Diritto Commerciale* 1957, I, p. 268 s.

[301] São palavras de G. CAVALLI, *ob. cit.*, p. 64.

cuja indispensabilidade se não questiona, tem efeitos constitutivos, os quais, por isso mesmo, não retroagem à data em que a *fattispecie,* que fundamenta a perda do cargo, se verificou.

c) Este (novo) excurso pelo direito italiano, agora no que respeita à sanção em que incorrem os membros do "collegio sindicale", nas situações referidas nos arts. 2404, segunda alínea, e 2405, segunda alínea, do *Codice Civile,* pode ser de grande préstimo para a interpretação do nosso art. 422º, nº 4 (de tão óbvia, a influência daquelas normas nesta outra não precisa de ser esmiuçada). Mas – e é isso que agora importa –, poderá igualmente dar alento para a recusa de um entendimento (demasiado) literal do segmento normativo "sob pena de cessação imediata de funções", com que encerra o art. 396º, n. 4; mais concretamente, para nele vermos apenas uma maneira diferente de dizer o que se diz no art. 422º, nº 4. Fazendo-se assim, ou seja, considerando-se que a "cessação imediata de funções" não tem outro sentido dogmático-jurídico que não seja a "perda do cargo", poder-se-ia então pensar em dar resposta ao problema da determinação da sanção em que incorrem os administradores, pela falta de prestação de caução no prazo legal, optando por uma das duas orientações, que vimos existirem no direito italiano, a propósito da interpretação da expressão "decadono dall'ufficio", no quadro dos dois referidos preceitos do *Codice Civile.*

E, por conseguinte, poder-se-ia defender que os administradores, cuja responsabilidade não tivesse sido caucionada nos trinta dias seguintes à data da designação ou eleição, deixavam *imediatamente* de poder ser assim considerados (entenda-se. de poderem ser considerados como *administradores de direito*). Duvidoso já poderia ser, porém, se essa perda da qualidade de adminstrador de direito *retroagia* à data da designação ou eleição, tudo se passando, pois, como se os administradores faltosos nunca tivessem tido a referida qualidade, ou, ao invés, se esta lhes haveria de ser reconhecida até ao final do termo (de trinta dias) em que estavam obrigados a prestar caução.

Por outro lado, afirmando-se a perda da qualidade de administrador de direito, por mero efeito da não prestação de caução no prazo legal, poder-se-ia ainda questionar se seria ou não indispensável um *acto* da sociedade que *atestasse* a situação de incumprimento em que as pessoas designadas ou eleitas administradores haviam incorrido.

É verdade que esse *acto* (o tal *accertamento* de que fala a doutrina italiana) – que poderia bem caber ao fiscal único ou ao conselho fiscal (art. 420º, nº 1, alíneas *a*) e *b*)[302]) ou à comissão de auditoria (art. 423º-F, alíneas *a*) e

---

[302] Nos termos de ambas essas alíneas, compete ao fiscal único ou conselho fiscal, "fiscalizar a admi-

b)[303])[304] – teria apenas efeitos declarativos e, por conseguinte, não interferiria com a data a partir da qual essas mesmas pessoas tinham perdido a qualidade de administradores de direito (como antes vimos, poder-se-ia era defender que essas mesmas pessoas nunca haviam tido essa qualidade ou, em alternativa, que a haviam tido até ao final do termo em que estavam obrigadas a prestar caução). Mas, ainda assim, não lhe faltaria utilidade (ao referido *acto de atestação,* digamos agora assim): faria cessar a própria qualidade de administrador de facto[305] – que se havia prolongado, no mínimo, desde o fim do prazo legal para a prestação de caução –, evidenciaria a necessidade de proceder à eleição de um novo conselho de administração (art. 391º)[306] ou, se fosse esse o caso, à substituição de algum ou alguns dos administradores (art. 392º)[307], sendo também com base nele que se levaria a registo (art. 3º, alínea *m*), do Código do Registo Comercial) a cessação das funções dos administradores cuja perda do cargo fora atestada.

Sempre no pressuposto da *identidade de sentido* dos segmentos normativos "cessação imediata de funções" (art. 396º, nº 4) e "perda do cargo" (art. 422º, nº 4), poder-se-ia encarar uma outra solução, tributária, é claro, da segunda orientação, a que atrás fizemos referência, existente na doutrina italiana sobre a interpretação da frase "decadono dall'ufficio", no quadro dos arts. 2404, segunda alínea, e 2405, segunda alínea, do *Codice Civile.*

Essa outra solução seria, em síntese, a seguinte: a perda do cargo (*scilicet:* a perda da qualidade de adimistrador de direito) não seria automática, ou seja, não seria o decurso do prazo legal para a prestação de caução que operaria essa perda; impunha-se, além disso, que a sociedade, através de um dos seus órgãos – e, também agora, o fiscal único ou o conselho fiscal[308] ou a comissão de auditoria[309-310]

---

nistração da sociedade" (alínea *a*)) e "vigiar pela observância da lei e do contrato de sociedade" (alínea *b*)).

[303] O texto dessas alíneas é igual ao das alíneas *a*) e *b*) do nº 1 do art. 420º; cfr. nota anterior.

[304] Nas sociedades cujo modelo de *governance* não fosse o da alínea *a*) ("modelo latino") ou o da alínea *b*) ("modelo latino reforçado") do nº 1 do art. 278º, mas o da alínea *c*) no mesmo número e artigo ("modelo germânico"), *vide* art. 441º: "Compete ao conselho geral e de supervisão fiscalizar as actividades do conselho de administração executivo" (alínea *d*) e "vigiar pela observância da lei do contrato de sociedade" (alínea *e*)).

[305] Cfr. *infra,* nota 318.

[306] Pense-se na hipótese de nenhum dos seus membros, anteriormente eleitos, ter dado cumprimento à obrigação de prestação de caução.

[307] Estamos a pensar, agora, na hipótese de algum ou alguns dos administradores, anteriormente eleitos, terem dado cumprimento à obrigação de prestação de caução.

[308] Cfr. *supra,* nota 302.

[309] Cfr. *supra,* nota 303.

[310] Cfr. *supra,* nota 304, quanto às sociedades com o modelo de *governance* dito germânico.

podia bem ser esse órgão (a exigência de que fosse a assembleia geral implicaria necessariamente maiores delongas...) –, mediante decisão adrede tomada, fizesse cessar (*imediatamente*) a relação com os administradores faltosos, a qual cessação produziria apenas efeitos *ex nunc*. Até à data da referida decisão – que importaria levar ao registo, assim se dando cumprimento ao disposto no art. 3º, alínea *m*), do Código do Registo Comercial –, não obstante a falta em que haviam incorrido, os administradores manteriam, pois, a sua qualidade (referimo-nos, note-se, à qualidade de administradores de direito).

É claro que o órgão da sociedade, ao qual coubesse tomar a decisão em causa, não seria livre de a não tomar; por outras palavras, uma vez confrontado com a falta de prestação de caução no prazo legal, esse órgão só poderia decidir no sentido da *cessação imediata das funções* dos administradores faltosos. Desta forma, reduzir-se-ia sobremaneira o risco de a imperatividade da norma, respeitante à obrigatoriedade de os administradores prestarem caução, ser *solapada*. Mas não se eliminaria por inteiro esse risco; com efeito, casos poderia haver em que o órgão competente para decretar a cessação imediata das funções dos administradores, que não haviam dado cumprimento à sua obrigação de prestar caução no prazo legal, não chegava a ser confrontado com esta situação e, por conseguinte, para esses administradores tudo se passaria como se a falada obrigação não existisse ou, quando menos, dela pudessem ser dispensados.

Assim se compreende que a maioria dos autores italianos tivesse abraçado a tese da "*operatività automatica*" (em prejuízo da tese da "*operatividade diferida*", chamemos-lhe agora assim, e a que nos temos estado a referir) da sanção prevista no art. 2387, segunda alínea, do *Codice Civile*, e que era, recorde-se, a "decadenza dall'ufficio", que atingia os administradores "che non prestano cauzione entro trenta giorni dalla notizia della nomina".

Alguns desses autores defendiam, é verdade, que a garantia, inerente à prestação de caução, tinha como único beneficiário (directo) a sociedade, mas, perante o silêncio que o referido preceito fazia a esse propósito, também eles concluíam que aquela não podia dela dispor (da caução, entenda-se), dispensando-a, qualquer que fosse o momento e a forma escolhidos para o fazer.

Não é, porém, assim entre nós. Na verdade, e como já sabemos, o art. 396º, nº 3, segunda parte, admite expressamente a dispensa de caução dos administradores em determinadas sociedades; consequentemente, em relação a tais sociedades – e só em relação a elas, obviamente – o entendimento de que haveria de ser um órgão da sociedade (essa competência, como já várias vezes dissemos, calhava bem ao conselho fiscal ou à comissão de auditoria, quando confrontado com a falta de prestação de caução no prazo legal, a decretar a *cessação imediata de funções* (art. 396º, nº 4, *in fine*) dos administradores faltosos não contenderia com a imperatividade de qualquer norma do nosso regime da caução.

A falta dessa decisão, em cuja origem só poderia estar a circunstância de o órgão societário competente não ter sido confrontado com a situação de incumprimento dos administradores, poderia implicar que estes exercessem o cargo sem prestar caução; nada de insólito, e já estamos a ver porquê: a sociedade não estava impedida de os dispensar do cumprimento dessa mesma obrigação, nos termos do art. 396º, nº 3, segunda parte.

d) Raciocinámos, até agora, partindo de um determinado pressuposto – o pressuposto, lembre-se, da *identidade de sentido* dos segmentos normativos "cessação imediata de funções" (art. 396º, nº 4) e "perda do cargo" (art. 422º, nº 4).

Porém, parece-nos inquestionável que tal pressuposto não corresponde ao pensamento do legislador. O uso da frase "sob pena de cessação imediata de funções", em vez de "sob pena de perda do cargo" – esta, sim, próxima de "decadono dall'ufficio" (arts. 2387, segunda alínea, 2404, segunda alínea, e 2405, segunda alínea, do *Codice Civile*; entre nós, art. 422º, nº 4) –, não pode deixar de ser entendido como relevando de uma vontade bem definida, e que era, afinal, a de eliminar todas as dúvidas que a interpretação da segunda alínea do art. 2387 do *Codice Civile* havia suscitado, no seio da doutrina e da jurisprudência italianas[311].

Relevando dessa vontade, o uso da expressão "sob pena de cessação imediata de funções" marcava também a opção do nosso lesgislador por uma das duas principais teses em presença, a qual nos era apresentada pelo Professor Raúl Ventura – que foi, recorde-se, o autor do Projecto de Código das Sociedades Comerciais, do qual já constava uma norma em tudo similar à do art. 396º – nos seguintes termos: "*caducidade da nomeação* [dos administradores faltosos, entenda-se], *a qual ocorre de direito, com eficácia imediata, sem necessidade de declaração da assembleia ou de registo*"[312].

Como antes vimos, essa tese (dita da "*decadenza di diritto*" ou da "*operatività automatica*", que se opunha à da "*giusta causa per la revoca*") tornara-se prevalecente no seio da doutrina e da jurisprudência transalpinas[313]. A razão do seu êxito – mesmo junto dos autores que entendiam que a garantia, inerente à prestação de caução, tinha como único beneficiário (directo) a sociedade – não era difícil de explicar. O art. 2387 do *Codice Civile* não admitia *quebra* do princípio da obri-

---

[311] Cfr. *supra*, números 8.3., alínea b). e 8.3., alínea c).
[312] Cfr. "Nota sobre a caução...", *cit.*, p. 204 (sublinhados nossos).
[313] Cfr. *supra*, números 8.3., alínea b). e 8.3., alínea c).

gatoriedade de os administradores prestarem caução, ou seja, não permitia que esta fosse dispensada, independentemente do momento e do modo escolhidos para o fazer, bem como do tipo fechado ou aberto da respectiva sociedade e da maior ou menor dimensão desta.

E a verdade é que a referida tese era a única conforme com esse regime, digamos, de *imperatividade absoluta* da obrigação de prestação de caução; a tese oposta (dita da "giusta causa per la revoca") permitia, com efeito, *solapar* essa imperatividade (lembre-se aqui o exemplo, já antes figurado[314], de se ter procedido à eleição de três administradores-não sócios, e estes, conluiados ou não com os accionistas com cujos votos tinham sido eleitos, não cumprirem, no prazo legal, a obrigação de prestar caução, cientes de que só perderiam o cargo se a assembleia geral viesse a deliberar nesse sentido, é dizer, se aqueles que os tinha elegido nisso conviessem).

Pois bem. O falado regime de *imperatividade absoluta* da obrigação de prestação de caução não foi acolhido pelo nosso legislador. Decorre isto mesmo do art. 396º, nº 3, ao qual já antes nos referimos, considerando-o, primeiro, na sua redacção originária[315] e, depois, na sua redacção actual[316].

Dissemos então (entre várias outras coisas, que nos dispensamos agora de repetir) que a *diferenciação* entre sociedades anónimas – na redacção originária do preceito, entre sociedades com subscrição pública e sociedades com subscrição particular; na sua redacção actual, entre, por um lado, "sociedades emitentes de valores mobiliários admitidos à negociação em mercado regulamentado" e "sociedades que cumpram os critérios da alínea *a*) do número 2 do art. 413º" e, por outro lado, sociedades que não caibam nessas categorias –, deixando-se a umas a possibilidade de dispensarem os seus administradores da obrigação de prestar caução e negando-se a outras essa mesma possibilidade, carece de rigor dogmático. Dogmática à parte, não deixámos, porém, de saudar o novo critério, ao qual se recorre para basear a aludida diferenciação: a proibição de dispensa de caução abrange agora todas as sociedades anónimas de maior porte, e não apenas aquelas relativamente às quais o direito societário *genuflecte* perante o direito do *mercado* dos valores mobiliários.

Por outro lado, e no que respeita mais directamente à interpretação do preceito em referência, em ambas as suas redacções, chegámos à seguinte conclusão: a dispensa de caução (nas sociedades em que ela é permitida, é claro), sob pena

---

[314] Cfr. *supra*, número 8.3., alínea b).
[315] Cfr. *supra*, número 13.1., alínea b).
[316] Cfr. *supra*, número 13.2., alínea b).

de violação do nº 1, do art. 396º, não pode ser consagrada, em termos gerais e abstractos (*scilicet*: relativamente a quaisquer pessoas que viessem a exercer o cargo de adminstrador); essa dispensa pode vir a ser concedida, sim, pela própria deliberação da assembleia geral ou constitutiva que eleja os administradores ou, ocorrendo a sua designação no próprio contrato de sociedade, por disposição deste, sendo que, em ambos os casos, a dispensa de caução só valerá para esses concretos administradores[317].

Finalizámos com uma advertência, respeitante à necessidade, metodologicamente imperiosa, de não abstrairmos da aludida diferenciação entre sociedades quando se cuida da determinação da sanção que a falta de prestação de caução, no prazo legal, acarreta.

Chegada é agora a altura de desenvolvermos este ponto.

e) É inquestionável – e não é, note-se, só aos nossos olhos: os do professor Raúl Ventura cuja visão é mais conceituada já antes viram o mesmo – que foi de fito feito que o nosso legislador usou a expressão "sob pena de cessação imediata de funções": a consagração da tese da "decadenza di diritto" ou "operatività automatica" era o seu intento. De todo o modo, há que fazer uma distinção. Vejamos.

Nas sociedades cujos administradores não podem ser dispensados de prestar caução – e que são, de novo o lembramos, as "sociedades emitentes de valores mobiliários admitidos à negociação em mercado regulamentado" e as "sociedades que cumpram os critérios da alínea *a*) do número dois do artigo 413º" –, a falta da sua prestação "nos 30 dias seguintes à designação ou eleição" implica que os administradores, que assim agiram, decaiam automaticamente no cargo; por conseguinte, perdem *eo ipso* a qualidade de administradores de direito (podendo, porém, questionar-se se com efeitos *ex tunc* ou *ex nunc*, ou seja, se a perda dessa

---

[317] No que respeita à deliberação de dispensa de caução (sendo esta possível, é claro), PAULO OLAVO CUNHA, *ob. cit.*, p. 776, nota 1014, advoga a ideia da sua *autonomização* relativamente à da própria eleição dos administradores (*ob. cit.*, p. 777). Não comungamos desse entendimento, que, de resto, contraria os dizeres da lei (que são, recorde-se, os seguintes: "a caução pode ser dispensada por deliberação da assembleia geral que eleja o conselho de administração ou um administrador" – art. 396º, nº 3).

E, porque não comungamos de tal entendimento, também não acompanhamos o Autor (*ob. cit., loc. cit.*) quando defende que os accionistas, cuja eleição como administradores está a ser considerada, estão impedidos de votar na deliberação que vise dispensar esses administradores de caução (art. 384º, nº 6, alínea *a*)) – seríamos assim remetidos para o sistema "ora voto eu, ora não votas tu; ora não voto eu, ora votas tu" –, o que. pelo que antes dissemos, implicaria, afinal, impedir os accionistas de votar na sua própria eleição para administradores.

qualidade retroage à data da própria designação ou eleição ou se ocorre apenas no final do referido termo de trinta dias), mas, caso se mantenham em funções, sobrevém-lhes a *qualidade de administradores de facto*[318]. E por quanto tempo?

---

[318] Ignorando essa figura (para qual, lembre-se, já apelavam Escarra e Rault, precisamente a propósito dos administradores que não cumpriam a obrigação de prestação de caução – cfr. *supra*, nota 91), o Professor Raúl Ventura cuidava de atenuar os efeitos (potencialmente devastadores para para o tráfico jurídico) da tese da "decadenza di diritto", à qual aderia – nas suas próprias palavras: "Passados trinta dias da designação ou eleição do administrador sem que a responsabilidade tenha sido caucionada (...) a designação ou eleição considera-se caducada e a pessoa deixa imediatamente de ser administrador" (cfr. "Nota sobre a caução...", *cit.*, p. 204) –, recorrendo às *regras do registo*. Ouçamo-lo: "Pelo que respeita aos efeitos para com terceiros dos actos praticados pelo administrador faltoso, uma vez que está resgistada a sua eleição mas não está – ou enquanto não estiver – a caducidade, parece que esta não é eficaz para com terceiros (a não ser que estes já tivessem conhecimento dela quando trataram com o administrador) e que, portanto, *a validade dos actos em que o administrador tenha representado a sociedade não é afectada*" (*vide* "Nota sobre a caução...", *cit.*, p. 205; sublinhados nossos; mais desenvolvidamente, cfr. *infra*, número 15.1.).
Partindo desse mesmo entendimento, PAULO OLAVO CUNHA, *ob. cit.*, p. 779, dá-lhe, digamos, maior amplitude, escrevendo o seguinte: "Ora, se o acto é válido e eficaz perante terceiros – em função dos quais são deliberados e praticados os actos pela administração da sociedade –, *ele não poderá deixar de o ser também internamente*. Quando muito poder-se-á questionar a validade e subsistência de um acto que ainda não tenha tido qualquer projecção externa" (os sublinhados são nossos).
No quadro problemático que agora nos ocupa, a figura do administrador de facto é também ignorada por L. Brito Correia e A. Pereira de Almeida. E percebe-se bem porquê. Estes dois outros Autores recusam a tese da "decadenza di diritto", não fazendo distinção – e nisso não os acompanhamos (cfr. o que antes dissemos e o que a seguir diremos no texto) – entre sociedades cujos administradores podem ser dispensados de caução e sociedades em que tal não é possível. Por banda de L. BRITO CORREIA, *ob. cit.*, p. 718, é expressamente afirmado o seguinte: "Parece mais curial (...) admitir que a falta de prestação de caução ou o seu levantamento antecipado, para além de imporem ao administrador a cessação de funções (ou a prestação de caução), *são justa causa de revogação, mas não fundamento de caducidade*" (sublinhados nossos). PEREIRA DE ALMEIDA, *Sociedades comerciais e valores mobiliários*, 5ª ed., Coimbra Editora, Coimbra, 2008, p. 425, por sua vez, conclui deste outro modo. "Afigura-se-nos (...) que esta sanção [a sanção referida no art. 396º, nº 4, *in fine*] não funciona automaticamente, *mas apenas faculta à sociedade*, nomeadamente por deliberação da assembleia geral, *a destituição do administrador com justa causa*, por incumprimento de uma obrigação legal" (sublinhados nossos).
A doutrina e jurisprudência estrangeiras revelam que a determinação das situações de "administradores de facto" está longe de ser pacífica (cfr., por exemplo, N. ABRIANI, "Delle nebbie...", *Giurisprudenza Commerciale*, *cit.*, p. 177 s.; com indicações, *vide* tb. J. M. COUTINHO DE ABREU/M. ELISABETE RAMOS, "Responsabilidade civil dos administradores...", *cit.*, p. 40 s., e J. M. COUTINHO DE ABREU, "Responsabilidade civil dos administradores...", *cit.*, p. 97 s.), não havendo também consenso sobre o *grau de equipolência* existente entre as funções do administrador de facto e as do administrador de direito, posto que não falta quem considere que o primeiro tem sempre uma "*habilitação limitada*" relativamente ao segundo (neste sentido, entre nós, *vide* RICARDO COSTA, "Responsabilidade

Não pode excluir-se, é certo, que sejam os próprios administradores faltosos a pôr termo, digamos, de *motu proprio*, a essa sua nova qualidade, *que os responsa-*

civil societária dos administradores de facto", in: *IDET-Colóquios*, nº 2, Almedina, Coimbra, 2006, p. 36 s.).
Porém, a situação que temos agora em vista não é das tais que suscitam dúvidas. Lembre-se que falamos de pessoas designadas ou eleitas administradores sem qualquer *entorse* às normas legais pertinentes ("os administradores podem ser designados no contrato de sociedade ou eleitos pela assembleia geral ": art. 391º, nº 1) e, por conseguinte, sem *atropelo* às competências de outros órgãos, tal como o legislador as definiu. Por outras palavras, estamos em presença de pessoas que acederam ao cargo de administrador pelo *modo normal* ou, dizendo com J. M. COUTINHO DE ABREU/M. ELISABETE RAMOS, "Responsabilidade civil dos administradores...", *cit.*, p. 40 s. (do primeiro Autor, cfr. ainda "Responsabilidade civil dos administradores...", *cit.*, p. 97 s.), que acederam ao cargo *com título*, no qual radicava a sua legitimidade. É verdade que esse título veio depois a *caducar*, em consequência da falta de prestação de caução no prazo legal – em nossa opinião, lembre-se, só acontece assim no caso das sociedades cujos administradores não podem ser dispensados de caução –, mas a sua existência não pode deixar de ser valorada, supondo, é claro, que as pessoas, às quais esse título respeitava, continuaram a comportar-se como se ele não tivesse sofrido qualquer vicissitude. Em síntese: estamos em presença de uma das situações mais incontroversas de "administradores de facto" (na nossa doutrina, J. M. COUTINHO DE ABREU/M. ELISABETE RAMOS, "Responsabilidade civil dos administradores...", *cit.*, p. 41, J. M. COUTINHO DE ABREU/M. ELISABETE RAMOS, *Código das Sociedades em Comentário*, vol. I, Almedina, Coimbra, 2010, p. 843 s., J. M. COUTINHO DE ABREU, "Responsabilidade civil dos administradores...", *cit.*, p. 97, e RICARDO COSTA, "Responsabilidade civil societária ...", *cit.*, p. 29).
No que respeita à *habilitação* de tais administradores, nessa concreta situação, ou, se se preferir, aos "poderes e obrigações de cariz administrativo-social" (usamos palavras de RICARDO COSTA, "Responsabilidade civil societária ...", *cit.*, p. 36) *inscritos no programa* dos administradores de facto que o são por o mandato, que os fazia administradores de direito, haver caducado, continuando eles, todavia, no exercício das funções, importa acentuar o seguinte: se as pessoas às quais sobreveio a qualidade de administrador de facto continuarem com a sua designação ou eleição como administradores de direito registada, o seu *programa*, quer no que lhes compete fazer, quer no que lhes é exigido que façam, não diverge do dos administradores de direito.
Quem também se socorre da figura do administrador de facto, no quadro do art. 396º, nº 4, é GABRIELA FIGUEIREDO DIAS, "A fiscalização societária redesenhada...", *cit.*, p. 330 s. São duas as razões que nos levam a não acompanhar a Autora. Em primeiro lugar, consideramos que a sanção em que incorrem os administradores faltosos não é a mesma em todas as sociedades: nas "sociedades emitentes de valores mobiliários admitidos à negociação em mercado regulamentado e nas sociedades que cumpram os critérios da alínea *a*) do número 2 do art. 413º" (art. 396º, nº 3), a falta de prestação de caução "nos 30 dias seguintes à designação ou eleição" implica que os administradores, que assim agiram, decaiam automaticamente no cargo e, por conseguinte, percam *eo ipso* a qualidade de administradores de direito, mas, no caso de se manterem em funções, sobrevém-lhes a qualidade de administradores de facto; nas demais sociedades, os administradores que não caucionam a sua responsabilidade no referido prazo ficam sujeitos a *destituição com justa causa* (mais desenvolvidamente, cfr. adiante no texto).

biliza, requerendo eles mesmos o registo da cessação das suas funções (art. 3º, alínea *m*), e art. 29º do Código do Registo Comercial). Mas, na esmagadora maioria dos casos, é provável que não o façam. E daí que nos pareça curial a existência de uma decisão de um órgão da sociedade – como já antes dissemos, a propósito de um outro modo possível de interpretar o art. 396º, nº 4[319], essa competência calha bem ao fiscal único ou ao conselho fiscal (art. 420º, nº 1, alíneas *a*) e *b*)) ou à comissão de auditoria (art. 423º-F, alíneas *a*) e *b*))[320-321], não se afigurando sequer necessário invocar *o lugar paralelo* da norma do art. 401º[322] – que, comprovando a falta de prestação de caução no prazo legal, fará cessar a própria qualidade de administradores de facto dos faltosos (a qualidade de administradores de direito, essa, cessara *ipso iure*, e logo no momento em que se tivessem cumprido os trinta dias sobre a data da sua designação ou eleição, sem haverem prestado a caução) e, ademais, evidenciará a necessidade de proceder à eleição de um novo conselho de administração (art. 391º)[323] ou, se for esse o caso, à substituição de

---

Para além de não fazer a referida distinção, Gabriela Figueredo Dias diz que a *cessação de funções* (a que o art. 396º, nº 4, *in fine*, se refere) "deve (...) entender-se eventualmente com um sentido de *suspensão* ou cessação temporária de funções, que permita ao administrador (...) a recuperação da legitimidade orgânica com a prestação (tardia) da caução, correspondendo o exercício efectivo de funções sem caução a uma situação de administração (...) *de facto*". É esta a segunda razão que nos leva a discordar da Autora. Para nós, e como ainda há pouco dissemos, os administradores que não podem ser dispensados de caução, se a não prestarem no prazo legal, decaem automaticamente no cargo, não ficam dele suspensos, sobrevindo-lhes, em termos definitivos (*hoc sensu*), a qualidade de administradores de facto, caso se mantenham no exercício das funções.

[319] Cfr. *supra*, número 13.3.
[320] Cfr. *supra*, notas 302 e 303.
[321] No que respeita às sociedades com o modelo de *governance* dito germânico, *vide* nota 304.
[322] Com e epígrafe "Incapacidade superveniente", esse artigo (na sequência da promulgação do decreto-Lei nº 76/2006, de 29 de Março) dispõe o seguinte: "Caso ocorra, posteriormente à designação do administrador, alguma incapacidade ou incompatibilidade que constituísse impedimento a esse designação e o administrador não deixe de exercer o cargo ou não remova a incompatibilidade superveniente no prazo de 30 dias, *deve o conselho fiscal ou a comissão de auditoria declarar o termos das funções*".
A redacção originária do preceito (anterior, pois, ao referido Decreto-Lei) era esta outra: "Caso ocorra, posteriormente à designação do administrador alguma incapacidade ou incompatibilidade que constituísse impedimento a essa designação e o administrador não deixe de exercer o cargo, *pode o conselho fiscal declarar o termo das funções*".
Não existe no art. 433º qualquer remissão para o (actual) art. 401º; mas não cremos que possam subsistir dúvidas sobre a aplicação deste último preceito, por analogia, aos *administradores executivos* (como já antes observámos, o legislador apelidou o órgão de "conselho de administração executivo", mas designou aqueles que o integram "administradores"...).
[323] Cfr. *supra*, nota 306.

algum ou alguns dos administradores (art. 392º)[324], sendo também com base nessa decisão que se procederá ao registo da cessação das funções dos administradores que haviam perdido o cargo.

Relativamente às sociedades cujos administradores podem ser dispensados de prestar caução, é claro – e a todas as luzes – que a falta da sua prestação "nos 30 dias seguintes à designação ou eleição" não pode implicar, para os administradores que assim agirem, o decaimento imediato no cargo ou, na terminologia da lei, a cessação imediata de funções. Imaginemos que a assembleia geral de uma dessas sociedades procedia à eleição dos membros do seu conselho de administração, cujo mandato era de três anos, não tendo, porém, a respectiva deliberação feito uso da prerrogativa de os dispensar da obrigação de prestação de caução. No trigésimo primeiro dia desse mandato (que tivera, pois, início no próprio dia da eleição), apurava-se, graças à intervenção do conselho fiscal (ou, se a sociedade tivesse o modelo *governance* dito "anglo-saxónico", da comissão de auditoria), que nenhum dos administradores tinha caucionado a sua responsabilidade. Nada havia a fazer: os administradores tinham decaído no cargo às vinte e quatro horas do dia anterior! Admitamos, por um instante, que era efectivamente assim. Querendo contrariar esse resultado, isto é, não querendo *perder* esses administradores, restaria então à sociedade, através da respectiva assembleia geral, voltar a deliberar a sua eleição, mas agora dispensando-os da obrigação de prestação de caução; consequentemente, os administradores, que tinham perdido o cargo contra a vontade da sociedade, voltavam a exercer o cargo por vontade desta, *sem estarem sujeitos ao cumprimento da obrigação cujo incumprimento fora a causa da perda do cargo que voltavam a exercer*. Uma charada!

A ninguém escapará, por certo, o absurdo de uma tal solução. Que, de resto, se haveria de imputar a um *equívoco* do próprio legislador: consagrando na parte final do art. 396º, nº 4 ("sob pena de cessação imediata de funções"), a solução defendida pela maioria da doutrina e jurisprudência italianas, no quadro da segunda alínea do art. 2387 do *Codice Civile* ("Gli amministratori che non prestano cauzione entro trenta giorni dalla notizia della nomina *decadono dall'ufficio*), o legislador não teve presente o *desvio*, deveras significativo que ele própria introduziu, do nosso regime da caução relativamente ao direito italiano: neste, obrigação de prestação de caução, *sempre*; entre nós, dispensabilidade dessa obrigação, *às vezes*.

Afastada, por imperativo metodológico, e no que respeita às sociedades cujos administradores podem ser dispensados de caução, a aplicação da doutrina da "*decadenza di diritto*" (ou "*operatività automatica*") – ou, o que vai dar ao mesmo,

---

[324] Cfr. *supra*, nota 307.

afastado, em relação a estas mesmas sociedades (mas só em relação a elas, reitere-se) o entendimento do Professor Raúl Ventura, segundo o qual "passados trinta dias da designação ou eleição do administrador sem que a responsabilidade tenha sido caucionada (...) a designação ou eleição considera-se caducada e a pessoa deixa imediatamente de ser administrador"[325] –, não há outra alternativa que não seja a seguinte: em uma dessas sociedades, é dizer, numa sociedade que não seja emitente de valores mobiliários admitidos à negociação em mercado regulamentado e numa sociedade que não cumpra os critérios da alínea *a)* do nº 2 do art. 413º, os administradores, que não caucionem a sua responsabilidade nos trinta dias seguintes à designação ou eleição, não decaem imediatamente no cargo: ficam, sim, sujeitos a *destituição por justa causa*, se assim vier a ser entendido pela assembleia geral, mediante deliberação adrede tomada, sem prejuízo de poder haver lugar à aplicação do art. 403º, nº 3[326]. [Ocioso dizer que a assembleia geral, conhecendo da situação de incumprimento dos administradores, caso não delibere a sua destituição, não estará impedida de fazer, nesse momento, o que podia ter feito logo no momento da eleição: falamos, é claro, de uma deliberação dispensando os administradores da prestação de caução (*quod abundat non nocet...*).]

Essa solução, que implica excluir do âmbito de aplicação do art. 396º, nº 4, *in fine*, a falta de prestação de caução pelos administradores das sociedades ainda agora referidas, impõe-se pela teleologia imanente a esse segmento normativo do preceito, sendo, por conseguinte, cabido falar de *redução teleológica*.

---

[325] Cfr. "Nota sobre a caução..." *cit.*, p. 204.
[326] Em relação às sociedades cujos administradores podem ser dispensados de caução, subscrevemos, pois, o entendimento de L. Brito Correia e A. Pereira de Almeida (cfr. *supra*, nota 318), sendo que um e outro não fazem a referida restrição.

ÍNDICE

I. OS ADMINISTRADORES DAS "COMPANHIAS DE COMÉRCIO": A EXIGÊNCIA DA QUALIDADE DE (MAIOR) ACCIONISTA E A *GARANTIA* A ELA ASSOCIADA ... 7
1. Os dois "sistemas de *governance*" das "Companhias de Comércio" e sua miscigenação ... 7
2. O "sistema oligárquico" e a administração ... 9
   2.1. Os modos de designação dos administradores; a "conquista de poder" pela assembleia geral e a ingerência do *Prince* na *governance* das Companhias ... 10
   2.2. Requisitos de acesso ao cargo de administrador: a administração como coisa de (sócios-)ricos ... 14

II. A *CAUÇÃO* DA RESPONSABILIDADE DOS ADMINISTRADORES NAS "MODERNAS SOCIEDADES ANÓNIMAS": ANÁLISE HISTÓRICO-COMPARATIVA DA RECONSTRUÇÃO DOGMÁTICA DO INSTITUTO ... 19

A) França ... 19
3. Os administradores da sociedade anónima no *Code de Commerce* (1807) ... 19
   3.1. O falhanço da abertura aos *managers* ... 19
   3.2. A questão recorrente: como impedir que os accionistas eleitos administradores defraudassem a confiança neles depositada ... 21
4. O fechamento aos *managers* na Lei de 23 de maio de 1863; regime das "acções de garantia" ... 23
5. A Lei de 24 de Julho de 1867; aspectos respeitantes ao acesso ao cargo de administrador e ao regime da caução ... 24
   5.1. As novidades sobre o regime das "acções de garantia" ... 24
   5.2. A "solidariedade real" ... 25
   5.3. Outros aspectos do regime das "acções de garantia" ... 27

5.4. A questão da duração do penhor ínsito no depósito das acções na "caixa da sociedade" ... 28
5.5. Consequências decorrentes da inobservância do regime das "acções de garantia" ... 29
6. A *Loi nº 66-537 du 24 juillet 1966* ... 30
6.1. Condições de validade da eleição para o cargo de administrador e para a manutenção deste ... 31
6.2. As diferenças do regime das "acções de garantia" relativamente à Lei de 1867 ... 33
6.3. A revogação do regime das "acções de garantia" ... 36
B) Itália ... 38
7. Os administradores da sociedade anónima no *Codice di Commercio* (1882); a obrigatoriedade de prestar caução para o exercício do cargo ... 38
7.1. Montante da caução ... 41
7.2. Valores com os quais devia ser constituída a caução ... 42
7.3. A natureza jurídica da caução; sujeito(s) por ela (directamente) garantido(s) e consequências decorrentes da falta da sua prestação ... 44
8. O *Codice Civile* (1942): manutenção da abertura aos *managers* e da obrigatoriedade da prestação de caução; diferenças relativamente ao regime anterior ... 48
8.1. Valores com os quais podia ser constituída a caução ... 49
8.2. Determinação do montante mínimo da caução ... 49
8.3. A (continuação da) disputa doutrina e jurisprudencial sobre os beneficiários directos da caução e as consequências da falta da sua prestação ... 50
8.4. O momento da restituição da caução ... 58
9. Uma explicação necessária ... 59
C) Portugal ... 59
AA) Direito antigo ... 59
10. O acesso ao cargo de administrador no "Código Ferreira Borges" (1833); breve referência ... 59
11. Lei de 22 de Junho de 1867 ... 60
11.1. A substituição do "sistema de concessão" pelo "sistema normativo" ... 60
11.2. O fechamente aos *managers* ... 62
11.3. Recusa da obrigatoriedade de os administradores prestarem caução ... 63
12. O regime da caução no "Código Veiga Beirão" (1888) ... 64
12.1. A manutenção do fechamento aos *managers* ... 64

12.2. O delineamento da disciplina da caução: montante, valores com os quais podia ser constituída, duração e consequências da sua não prestação 65
BB) Código das Sociedades Comerciais 72
13. O regime da *caução* no CSC: art. 396º 72
    13.1. Cotejo do art. 396º, (redacção primigénia) com o (revogado) art. 174º CCom: semelhanças e diferenças 73
    13.2. As alterações introduzidas nos números 1, 2 e 3 do art. 396º pelo Decreto-Lei nº 76-A/2006, de 29 de Março 78
    13.3. O prazo durante o qual os administradores hão-de prestar caução e a sanção para o não cumprimento dessa obrigação: art. 396º, nº 4 82